DR. MED. CHRISTIAN GUTH | BURKHARD HICKISCH

Grüne Smoothies
Die supergesunde
Mini-Mahlzeit aus dem Mixer

THEORIE

PRAXIS

SERVICE

DIE AUTOREN

Dr. med. Christian Guth ist Arzt für Nervenheilkunde und Psychotherapeut. Durch den grünen Smoothie gewinnt für ihn die Hippokrates zugeschriebene Lebensweisheit »medicus curat, natura sanat – der Arzt behandelt, die Natur heilt« eine neue Bedeutung. Nachdem er die heilsame Wirkung der grünen Vitalstoffe über Jahre täglich an sich selbst erfahren hatte, wurde der grüne Smoothie zu einem festen Bestandteil seiner ärztlichen Tätigkeit.

Burkhard Hickisch ist Übersetzer, Lektor und Autor und hat an den deutschen Büchern von Victoria Boutenko – der Entdeckerin der grünen Smoothies – mitgearbeitet. Im Frühjahr 2010 rief er zusammen mit Dr. Guth die Website www.GrüneSmoothies.de ins Leben, die seitdem über die grünen Smoothies informiert. Inzwischen ist Burkhard Hickisch Mitgründer und Geschäftsführer der Grüne Smoothies GmbH.

EIN WORT ZUVOR

In diesem Buch stellen wir Ihnen den grünen Smoothie vor und zeigen Ihnen, wie Sie ihn herstellen und in Ihre tägliche Ernährung integrieren können.

Der grüne Smoothie verkörpert alles, was Nahrung sein soll: Er ist hochwertig und gesund in der Zusammensetzung, für alle Menschen leicht zugänglich, günstig in der Herstellung, umweltverträglich und schont die Ressourcen. Er ist die Ernährungsinnovation unserer Zeit und hat das ganz besondere Potenzial, unsere Gesundheit, unsere Fitness und unser Wohlbefinden in eine neue Dimension zu heben.

Der grüne Gesundheitstrunk ist für Kleinkinder genauso bekömmlich wie für gestresste Manager oder für Senioren. Er versorgt unseren Körper mit dem, was er braucht, und bietet bei regelmäßigem Genuss einen starken Schutz vor Wohlstandserkrankungen. Der grüne Smoothie ist ein Füllhorn, das die Natur ausschüttet, um uns bis ins hohe Alter mit allen lebensnotwendigen Vitalstoffen zu versorgen.

Wir wünschen Ihnen viel Freude beim Entdecken dieser außerordentlich befriedigenden und sehr einfach umsetzbaren Neuheit in unserer Ernährung.

Dr. med. Christian Guth
Burkhard Hickisch

GRÜNE SMOOTHIES: VITALITÄT PUR!

Mit grünen Smoothies ist es ein Leichtes, sich ohne großen Aufwand gesund und lecker zu ernähren. Die besondere Komposition aus grünen Blättern und süßen Früchten ist ihr Geheimnis.

Kleiner Smoothie – große Wirkung

Der grüne Smoothie enthält praktisch alle Vitalstoffe, die der Mensch braucht. Sie befinden sich in den naturbelassenen Blättern und Früchten, die durch den Mixvorgang so fein aufgeschlossen werden, dass der Körper sie mühelos in den Stoffwechsel aufnehmen kann. Im menschlichen Organismus entfalten diese lebenswichtigen Inhaltsstoffe dann eine Vielzahl von positiven Wirkungen in Bezug auf unsere Gesundheit und unser Wohlbefinden. Und das alles ohne großen Aufwand – überzeugen Sie sich selbst.

Was ist ein grüner Smoothie?

Der grüne Smoothie wird im Mixer aus Pflanzengrün, Früchten und Wasser hergestellt. Je nachdem, wie viel Wasser Sie verwenden, können Sie den Smoothie entweder trinken oder als Kaltschale löffeln. Im Gegensatz zum Saft werden im grünen Smoothie die gesamte Frucht und die gesamte grüne Pflanze genutzt, wodurch bei der Herstellung so gut wie keine Abfälle entstehen. Der Begriff »green smoothie« wurde 2004 von Victoria Boutenko geprägt, die seitdem als Entdeckerin dieses grünen Power-Drinks gilt (siehe Seite 14/15).

Reine Frucht-Smoothies existieren schon länger auf dem Markt – man kann sie inzwischen sogar im Supermarkt kaufen. Bei einem Frucht-Smoothie werden die Früchte nicht entsaftet, sondern püriert. Es entsteht ein flüssiger Brei, der in seiner Konsistenz sehr weich (engl. »smooth«) und angenehm auf der Zunge ist. Frucht-Smoothies aus dem Supermarkt sind allerdings pasteurisiert und enthalten oft nicht genau deklarierte Zutaten. Sie bestehen fast ausschließlich aus Obst oder Fruchtkonzentraten. Das macht sie zu einer süßen Kalorienbombe, die den Blutzucker auf rasante Weise in die Höhe schnellen lässt.

Das Besondere am grünen Smoothie sind die verwendeten grünen Blätter. Er wird frisch hergestellt und ist nicht pasteurisiert. Seine unverfälschte Natürlichkeit macht ihn zu einem »Wundermittel«, das uns effektiv vor Erkrankungen schützt und unser Wohlbefinden dauerhaft steigert.

Aber schauen wir uns erst einmal näher an, warum der grüne Smoothie eine absolute Neuheit auf dem Ernährungssektor darstellt. Ernährungswissenschaftler haben in letzter Zeit erkannt, dass grüne Blätter über eine extrem hohe Nährstoffdichte verfügen. Dies ist auch der Grund dafür, warum das Pflanzengrün in seiner ganzen Vielfalt – von Salaten und Gartenkräutern über die Blätter der Wurzelgemüse und die grünen Kohlsorten bis hin zu den Wildkräutern und Blättern von Sträuchern und Bäumen – oft einen strengen und bitteren Geschmack hat, der uns eher davon abhält, grüne Pflanzen in unsere tägliche Ernährung zu integrieren. Außer dem herben Geschmack sind wir auch das gründliche

VIELSEITIG EINSETZBAR

Meistens werden grüne Smoothies getrunken. Aber Sie können sie auch als Kaltschale oder Pudding genießen.

Kauen nicht mehr gewohnt, das erforderlich ist, damit das Pflanzengrün im Mund zu einer cremigen Masse wird, deren Bestandteile Magen und Darm optimal aufnehmen können. Durch die Entdeckung des grünen Smoothies haben wir jetzt jedoch die Möglichkeit, grüne Pflanzen in ihrer ganzen Fülle für unsere Ernährung zu nutzen.

Superleichte Herstellung

Der grüne Smoothie hat zwei entscheidende Vorteile. Zum einen wird der bittere Geschmack des Pflanzengrüns durch die Früchte ausgeglichen. Dadurch können wir die grünen Blätter täglich in einer Menge zu uns nehmen, die unsere Gesundheit spürbar verbessert. Zum anderen nimmt uns der Mixer den Kauvorgang ab und bricht die Zellwände der Pflanzenteile (bei einem entsprechend starken Mixer) so auf, dass die wertvollen Inhaltsstoffe auch tatsächlich vollständig vom Körper aufgenommen werden und ihre wohltuende Wirkung entfalten können.

Außerdem dauert die Herstellung einschließlich Abwasch nur fünf Minuten: Sie füllen einfach den Mixbehälter jeweils zur Hälfte mit süßen Früchten und grünen Blättern, geben die gewünschte Menge Wasser dazu, mixen das Ganze, und eh Sie sichs versehen, haben Sie schon den wichtigsten Baustein Ihrer gesunden täglichen Ernährung hergestellt. Praktisch ist darüber hinaus, dass der grüne Smoothie gekühlt drei Tage haltbar bleibt, weil er – im Gegensatz zum Obst- oder Gemüsesaft – kaum oxidiert. Das liegt an den Antioxidanzien. Diese Substanzen neutralisieren aggressive Sauerstoffverbindungen und sind konzentriert in den grünen Blättern, den Schalen und Kernen der Früchte enthalten. Nach dem Pürieren verteilen sich die Antioxidanzien so fein im Mixgut, dass die freien Radikale des Sauerstoffs ihre oxidierende Wirkung nicht entfalten können. Wenn Sie sich Ihren grünen Smoothie nicht täglich frisch herstellen wollen, können Sie ihn also auch gleich für mehrere Tage zubereiten.

GU-ERFOLGSTIPP
KEINE ERNÄHRUNGSUMSTELLUNG

Sie brauchen Ihre Ernährung nicht grundsätzlich umzustellen. Essen Sie weiter wie bisher, und fangen Sie einfach an, zusätzlich immer öfter grüne Smoothies zu trinken.

Kreative Vielfalt

Das Schöne am grünen Smoothie ist, dass jeder ihn so herstellen kann, wie es seinen persönlichen Nahrungsbedürfnissen und Geschmacksvorlieben entspricht. Der individuellen Vielfalt sind dabei keine Grenzen gesetzt. Wichtig ist nur, die Zusammensetzung zu beachten: 50 Prozent Früchte und 50 Prozent grüne Blätter und Wasser! Nur in dieser Kombination naturbelassener Zutaten ist der grüne Smoothie am bekömmlichsten und kann seine vielfältige Wirkung voll entfalten.

Als erfahrener Grüne-Smoothies-Trinker können Sie später immer wieder einmal andere Zutaten in einem ausgewogenen Verhältnis integrieren, beispielsweise Samen, Nüsse, Trockenobst, Kakaobohnen, Avocados, Sprossen oder Algen.

Ein weiterer Pluspunkt des grünen Power-Drinks besteht darin, dass Sie sofort starten können: Sie müssen Ihre gewohnte Ernährung nicht umstellen. Fangen Sie einfach an, den grünen Smoothie in Ihre tägliche Ernährung aufzunehmen, und Sie werden die positive Veränderung spüren. Ihr Körper wird frohlocken, bekommt er doch nun endlich all die Vitalstoffe in ausreichendem Maße, die für ein optimales Funktionieren nötig sind. Da der grüne Smoothie unseren Organismus mit den naturbelassenen Nährstoffen versorgt, die er bislang vermisst hat, verlangt der Körper immer öfter nach gesunder, natürlicher Nahrung. So entsteht ein sanfter Prozess der Ernährungsanpassung. Viele Menschen berichten davon, dass sie keinen Appetit mehr auf Kaffee haben, sie weniger Süßes essen, ihnen Fleisch nicht mehr so richtig schmeckt, und sie sich plötzlich das Rauchen abgewöhnen.

Die Umstellung auf eine natürlichere Ernährungsweise geschieht nicht über den Kopf, sondern über die konkreten Bedürfnisse des Körpers – und das ist ein entscheidender Unterschied. Wir müssen uns nicht länger zu einer gesunden Ernährung »zwingen«, sondern legen Schritt für Schritt ungesunde Gewohnheiten ab, weil sie mit den wohltuenden Wirkungen des grünen Smoothies nicht harmonieren. Viele bemerken sogar erst nach einer Weile, dass sie bestimmte Sachen nicht mehr oder nicht mehr in dem Ausmaß wie früher zu sich nehmen.

AUF VORRAT MIXEN

Der grüne Smoothie oxidiert kaum und behält daher gekühlt die meisten seiner wertvollen Inhaltsstoffe für volle drei Tage. Sie können ihn also bei Zeitmangel gleich auf Vorrat mixen.

Nicht nur frisch und gesund – auch lecker!

Würde es den grünen Smoothie noch nicht geben, müsste man ihn dringend erfinden, denn es gibt keinen leichteren Weg, so viel für die eigene Gesundheit zu tun. Beim Essen geht es nicht bloß um die Menge der aufgenommenen Kalorien, sondern vor allem um die Qualität unserer täglichen Nahrung. Gerade auf diesem Gebiet ist der grüne Smoothie unschlagbar, denn seine Zutaten sind frisch und naturbelassen. Mithilfe des grünen Smoothies können wir vitalstoffreiche Nahrung in einem bislang unbekannten Ausmaß zu uns nehmen und auf diese Weise unsere Leistungsfähigkeit und unser Wohlbefinden steigern.

Da der grüne Power-Drink so lecker schmeckt, müssen wir uns nicht einmal zu mehr Gesundheit zwingen. Dies sollten Sie sowieso niemals tun, denn wenn dem Körper etwas nicht schmeckt, signalisiert er damit, dass er etwas anderes braucht. Wir haben die Erfahrung gemacht, dass uns nur das dauerhaft befriedigt und unsere Gesundheit und Fitness fördert, was wir wirklich gerne zu uns nehmen. Wir empfehlen damit jedoch nicht, dass Sie nur Altbekanntes und über Jahre Liebgewonnenes essen und trinken sollten, frei nach dem Motto »Was der Bauer nicht kennt, das isst er nicht«. Der grüne Smoothie ist eine absolute Neuheit, und überrascht Sie mit einem neuen Geschmackserlebnis. Kreieren Sie Ihren grünen Smoothie immer so, dass er Ihnen gut schmeckt und Ihnen beim Geräusch des Mixers schon das Wasser im Mund zusammenläuft.

Unser grüner Planet

Die schönste »Nebenwirkung« der grünen Smoothies besteht darin, dass sie uns das konkrete Gefühl vermitteln, dass die Erde ihre Bewohner ernährt. Endlich wird das Nahrungsangebot, das uns der grüne Planet täglich in Hülle und Fülle anbietet, für uns tatsächlich genießbar. Grüne Smoothies sind klimafreundlich und nachhaltig. Sie fördern die Ernährung aus der Region und damit den bewussten Bezug zum unmittelbaren natürlichen Lebensraum. Wir werden nicht nur körperlich fitter, emotional ausgeglichener und geistig klarer, sondern handeln auch bewusster und übernehmen mehr Verantwortung für uns und andere. Viele Menschen sind bereits auf dem Weg, sich gesünder zu ernähren und den Planeten so zu behandeln, wie er es als unser natürlicher Lebensraum verdient. Die grünen Smoothies kommen genau zur rechten Zeit, denn sie geben uns die Möglichkeit, einen anderen Umgang mit uns selbst und der Natur zu pflegen. Der Planet, auf dem wir leben, ist kein »Feindesland«, in dem wir für unser Überleben kämpfen müssen. Seine grünen Schätze sind unermesslich und versorgen uns mit allem, was wir brauchen. Als neuer Baustein der täglichen Ernährung wird der grüne Smoothie dazu beitragen, dass wir nicht nur gesünder, sondern auch verantwortungsbewusster leben.

Am besten schmeckt das grüne Blattgemüse direkt aus dem eigenen Garten.

Die Entdeckung der grünen Smoothies

Victoria Boutenko stammt ursprünglich aus Russland und lebt seit Ende der 1980er-Jahre in den USA. Sie ist eine weltweit bekannte Rohkost- und Gesundheitsexpertin und gilt als »Entdeckerin« der grünen Smoothies.

Wie bist du auf den grünen Smoothie gestoßen?

Mit 38 Jahren ging es mir gesundheitlich sehr schlecht. Ich hatte Herz-Rhythmus-Störungen, eine Krankheit, an der mein Vater gestorben war. Auch mein Mann und meine Kinder waren nicht gesund. Als die Ärzte uns nicht weiterhelfen konnten, begann ich nach alternativen Heilmethoden Ausschau zu halten. So kam es, dass sich unsere gesamte Familie 1994 auf eine rohköstliche Ernährungsweise umstellte. Unsere Krankheiten verschwanden dadurch, aber nach ein paar Jahren merkten wir, dass immer noch etwas in unserer Ernährung fehlte. 2002 fing ich dann mit meiner eigenen Forschung an. Ich wollte herausfinden, wie für uns Menschen die ideale Ernährung aussieht. Irgendwann verglich ich die US-amerikanische Durchschnittsernährung mit der Ernährung der Schimpansen. Obwohl wir zu mehr als 99 Prozent die gleichen Gene wie die Schimpansen haben, ist unsere Ernährungsweise sehr unterschiedlich. Besonders auffallend ist, dass die Primaten erheblich mehr grüne Pflanzen zu sich nehmen. Zuerst versuchte ich, mehr grünes Blattgemüse zu essen, aber ohne Erfolg. Ich war einfach nicht in der Lage, die notwendige Menge zu mir zu nehmen, und die vielen Salate schmeckten mir überhaupt nicht. Da mir jedoch klar war, was für eine wichtige Rolle das Pflanzengrün in unserer Ernährung spielt, sann ich nach anderen Möglichkeiten, grünes Blattgemüse konsumieren zu können.

2004 hatte ich schließlich die spontane Idee, den grünen Salat zusammen mit süßen Früchten und Wasser im Mixer zu pürieren. Das Ergebnis überraschte mich total. Es war wie ein Wunder. Der liebliche Geschmack der Früchte dominierte den herben Geruch und Geschmack des Chlorophylls. Die Mixtur hatte zwar eine merkwürdige tiefgrüne Farbe, schmeckte aber angenehm nach Früchten.

Meine Familie und ich fingen sofort damit an, täglich grüne Smoothies zu trinken, was bei uns allen positive Auswirkungen auf die Gesundheit hatte. Mir wurde bewusst, dass es für die Gesundheit und Fitness wichtiger ist, täglich grüne Smoothies zu trinken als sich zu hundert Prozent rohköstlich zu ernähren.

Wie hat sich der Verzehr von grünen Smoothies konkret auf dein Leben ausgewirkt?

Grüne Smoothies sind ein wichtiger Baustein meiner täglichen Ernährung. Ich mixe mir jeden Tag grüne Pflanzen und Früchte. Selbst wenn ich auf Reisen bin, habe ich immer einen kleinen Mixer dabei. Viele Menschen berichten davon, wie gesund und fit sie sich fühlen, seitdem sie grüne Smoothies trinken. Wenn ich selbst nicht täglich zwei oder drei Gläser davon trinke, fange ich an, Hunger zu bekommen und nach anderen Nahrungsmitteln zu greifen. Wenn ich etwas anderes esse, esse ich schnell zu viel und fühle mich nicht satt und zufrieden.

Die grünen Smoothies halten mich gesund. Meine körperliche Konstitution ist gut, und ich habe viel Energie. Mir fällt auch auf, dass sich der Alterungsprozess verlangsamt hat. Ich bin jetzt 56 Jahre alt, nehme keine Medikamente und trage keine Brille. Ich habe nur wenig graue Haare und genieße es, ein aktives Leben zu führen und viel um die Welt zu reisen.

Was ist deine Vision für die Zukunft?

Der grüne Smoothie ist so nahrhaft, lecker und leicht zubereitet, dass die meisten, die ihn probieren, sofort damit anfangen, ihn selbst herzustellen und täglich zu trinken. Grüne Smoothies breiten sich unaufhörlich weiter aus. Ich glaube, der Mixer steht schon bald in jedem Haushalt, jeder Schule, jeder Fabrik und jedem Krankenhaus direkt neben der Kaffeemaschine und wird diese über kurz oder lang überflüssig machen. Ich freue mich auf die Zeit in naher Zukunft, wenn man am Morgen aus jeder Wohnung und jedem Haus das Getöse des Mixers hört und weiß, dass sich alle ihren grünen Smoothie machen.

Auf Bio-Qualität achten!

Das Besondere am grünen Smoothie ist, dass wir alle Zutaten vollständig nutzen können, denn im Gegensatz zum Saft entsteht bei der Herstellung kein Abfall. Bei den Früchten wie Apfel, Birne, Weintraube und selbst Melone werden Schale sowie Kerngehäuse nicht entfernt, und auch bei den grünen Blättern werden Stiele und Strünke mitverwendet. Da also nicht geschält und kaum abgeschnitten wird, sollten Sie unbedingt darauf achten, dass Ihre Zutaten frei von Schadstoffen sind und biologisch angebaut wurden. Zudem gewährleistet eine biologische Anbauweise, dass die Pflanze keine (oder nur wenig) Schadstoffe aus dem Boden aufnimmt, im Gegensatz zur konventionellen Landwirtschaft, wo leider Kunstdünger sowie Unkraut- und Insektenvernichtungsmittel eingesetzt werden.

Bio-Qualität muss übrigens nicht zwangsläufig teurer sein. Denn je mehr verwertbare Inhaltsstoffe und je weniger »leere Kalorien« unsere Nahrung enthält, desto kleiner ist die Menge, die uns sättigt und zufriedenstellt. Wir sparen schon deshalb, weil wir nicht mehr ständig etwas in uns hineinstopfen müssen: Wenn wir täglich grüne Smoothies trinken, leidet unser Körper nicht mehr unter Vitalstoffmangel und sucht nicht unentwegt nach den Bausteinen, die er benötigt, um optimal zu funktionieren.

Der Zaubertrank für die ganze Familie

Der grüne Smoothie ist für Menschen jeglichen Alters geeignet. Direkt nachdem sie abgestillt sind, können kleine Kinder ihn bereits trinken. Auf diese Weise kommen sie schon in den Genuss rohköstlichen Pflanzengrüns, bevor sich ihr Gebiss so herausgebildet hat, dass sie in der Lage sind, grüne Blätter zu kauen.

Und am Ende des Lebens müssen auch Senioren nicht mehr auf eine optimale Versorgung mit Vitalstoffen verzichten, nur weil ihr Gebiss nicht mehr die Fähigkeit besitzt, ausreichend frische Nahrung zu zerkleinern.

Der grüne Smoothie schmeckt schon kleinen Kindern und trägt so zur gesunden Ernährung der ganzen Familie bei.

Da der grüne Smoothie fast nicht oxidiert, ist er gekühlt bis zu drei Tagen haltbar. Er eignet sich daher hervorragend für unterwegs oder für die Arbeit und hilft uns damit, uns auch in den Situationen ausreichend mit Vitalstoffen zu versorgen, in denen wir dazu neigen, zu ungesunden Snacks zu greifen oder unseren Hunger im Schnellimbiss zu stillen.

Neben seinen positiven gesundheitlichen Aspekten für Jung und Alt – er stärkt das Immunsystem und beugt Erkrankungen vor – sorgt der grüne Smoothie auch für jede Menge Spaß. Seine Herstellung ist jeden Tag aufs Neue spannend, weil immer ein einzigartiges Naturprodukt entsteht. Jugendliche, die sonst eher wenig Wert auf gesunde Ernährung legen, können sich den coolen Power-Drink spielend leicht selbst zubereiten. Bei der Komposition der Zutaten sind der Fantasie keine Grenzen gesetzt, und nicht nur Kinder lernen, dass fast die gesamte grüne Natur essbar ist.

Wir bekommen das Gefühl, dass wir auf einem Planeten leben, der seine Bewohner im Überfluss ernährt.

Stärkung der Selbstheilungskräfte

Der grüne Smoothie ist ein Allrounder mit »flächendeckender Wirkung«. Wie Sie im praktischen Teil sehen werden, lässt sich der köstliche Trunk zwar auch gezielt für die Gesundheit einsetzen, aber in erster Linie liefert er eine Basisversorgung mit den Stoffen, die unser Körper täglich braucht, um all seine Lebensfunktionen optimal erfüllen zu können. Zu diesen Funktionen zählen nicht nur die physischen Abläufe, sondern auch unser Fühlen und Denken. Durch seine Fülle an Vitalstoffen wirkt der grüne Smoothie auf allen Ebenen und führt zu körperlicher Fitness, emotionaler Ausgeglichenheit und geistiger Klarheit. Er fördert unsere psycho-physischen Selbstheilungskräfte und erleichtert uns die gesundheitliche Eigenverantwortung.

Entscheiden Sie sich für Ihr Wohlbefinden

Noch nie war es so einfach, sich dauerhaft gesund zu ernähren, fit und vital zu sein und Erkrankungen vorzubeugen. Jeder kann frei entscheiden, ob er für sich die Möglichkeiten nutzen will, die ihm dieser »Urquell der Natur« bietet. Dies bedeutet allerdings, dass wir Eigeninitiative entwickeln und Freude am Ausprobieren haben. Der grüne Smoothie fördert eine positive innere Einstellung, indem wir uns dem öffnen, was uns die grüne Natur anbietet. Aus der Psychosomatik ist bekannt, wie wichtig die innere Haltung ist und wie stark sie auf das Immunsystem wirkt. Unsere Selbstheilungskräfte werden nicht nur durch die Vitalstoffe gestärkt, sondern auch durch positive Emotionen, die durch den grünen Smoothie geweckt werden. Je regelmäßiger wir ihn zu uns nehmen, desto mehr ist unser Körper in der Lage, sich auszubalancieren, und wir greifen immer weniger zu konventionellen Nahrungsmitteln mit einem hohen Anteil an raffiniertem Zucker, denaturierten Transfetten und schädlichem Weißmehl. Und wahre Gesundheit beginnt dort, wo wir dem Körper vertrauen, dass er aus eigener Kraft für sein Wohlergehen sorgen kann.

GU-ERFOLGSTIPP
DIE ENERGIE DER BLUMEN NUTZEN

Viele Blumen sind zum Verzehr geeignet. Als Heilmittel für die Seele bereichern sie den grünen Smoothie.

ERFAHRUNGSBERICHT: DER GRÜNE SMOOTHIE ÄNDERTE MEIN ESSVERHALTEN

»Nachdem ich angefangen hatte, grüne Smoothies zu trinken, trat ein seltenes Phänomen auf: Ich hatte plötzlich keine Lust mehr auf Kuchen, Kekse, Nutellabrote oder andere Süßigkeiten! Zuckerhaltige Nahrungsmittel waren nach wenigen Wochen vollkommen von meinem Speiseplan verschwunden. Aber nicht, weil ich mich dazu disziplinierte, sondern weil ich einfach keine Lust mehr darauf hatte.

Zu Anfang nahm ich recht schnell drei Kilo ab, obwohl ich schlank war. Das besorgte mich zuerst ein wenig. Doch dann spürte ich, wie mein Körper anfing sich zu reinigen. Meine Haut wurde reiner, die Beine straffer und ich fühlte mich nicht mehr so erschöpft.

Während der Reinigungsphase gab es Tage, an denen ich mehr Schlaf als sonst brauchte. Die Müdigkeit fühlte sich jedoch »gesund« an. Ich war nicht erschöpft, sondern einfach nur müde. Morgens war ich dann wieder voller Tatendrang und Kraft. Als mein Umfeld merkte, dass sich bei mir etwas verändert hatte, fingen immer mehr Menschen an, sich für den grünen Smoothie zu begeistern. Ich kenne mittlerweile viele, die mit dieser Art der Ernährung ihre Gesundheit und ihr Wohlbefinden wesentlich verbessert haben.

In den zwei Jahren, in denen ich jetzt schon grüne Smoothies trinke, hat sich mein Essverhalten vollkommen verändert. Ich mag kein Weißmehl und keinen Zucker mehr. Ich esse keine verarbeiteten Nahrungsmittel und der Anteil frischer, roher Nahrungsmittel liegt bei über 90 Prozent. Das ist einfach so geschehen, aus Lust am gesunden Essen.

Man schätzt mich mindestens fünf Jahre jünger, als ich wirklich bin, und ich fühle mich auch so. Du bist, was du isst. Lebendiger und frischer als in einem grünen Smoothie kann die Nahrung für mich nicht sein.«

Yvonne Janetzky, Lingen

Was macht die grünen Smoothies so besonders?

Grüne Smoothies haben das Potenzial, unsere Ernährung zu revolutionieren. Durch ihre Erfindung ist es möglich geworden, dass wir hochwertigste Pflanzeninhaltsstoffe äußerst einfach zu uns nehmen können. Besonders die Vitalstoffe aus grünen Blättern stehen uns im grünen Smoothie in noch nie gekannter Menge zur Verfügung. Es ist daher nicht übertrieben, wenn wir behaupten, dass der grüne Smoothie in Zukunft extrem positive Auswirkungen auf unsere Gesundheit und Lebensqualität haben wird.

Grüne Smoothies als Ernährungsinnovation

Grüne Blätter, Früchte, Sprossen und Samen enthalten in ihrer chemisch unveränderten Form Substanzen, die den Organismus vor schädlichen Einflüssen von außen schützen und kraftvoll zur Vorbeugung von Erkrankungen und degenerativen Prozessen – wie Arteriosklerose, Herzinfarkt, Gehirnschlag, Krebs, Alzheimer, Parkinson, Depressionen, Stress und Burnout – beitragen können. Es ist schon lange bekannt, dass Pflanzen hochwirksame Heilmittel sind, und fast täglich erscheinen neue wissenschaftliche Untersuchungen, die den Wert pflanzlicher Inhaltsstoffe zweifelsfrei bestätigen. Als Beispiel sei der grüne Pflanzenfarbstoff Chlorophyll (siehe Seite 105) als extrem potentes Antikrebsmittel erwähnt. Aufgrund unserer überlieferten Ernährungsgewohnheiten haben wir bislang die Lebenskraft, die in frischen grünen Pflanzen steckt, nur wenig genutzt. Wenn wir an die Küche denken, denken wir in erster Linie ans Kochen und damit ans Erhitzen und Verändern von Lebensmitteln. Bei all den Köstlichkeiten, die unsere Mütter und Großmütter in der Küche kreieren, haben wir das vergessen, was unsere tierischen Verwandten gesund und lebensfroh

BESSER FRISCH AUS DER NATUR

Viele Menschen versuchen durch Nahrungsergänzungsmittel Defizite in ihrer Ernährung auszugleichen. Wenn Sie grüne Smoothies trinken, können Sie auf diese Vitaminpräparate verzichten.

DIE VORZÜGE DER GRÜNEN SMOOTHIES AUF EINEN BLICK

Grüne Smoothies ...

... versorgen uns täglich mit einer Fülle von Vitaminen, Mineralien, Aminosäuren, Spurenelementen und Antioxidanzien,

... halten uns körperlich und geistig fit,

... helfen dabei, unser Körpergewicht zu regulieren,

... unterstützen den gesunden Schlaf,

... ermöglichen es auf einfache Weise, Kinder gesund und abwechslungsreich zu ernähren,

... machen es leicht, auch im Alter ausreichend Frisches zu sich zu nehmen,

... fördern eine Ernährung aus der Region und im Einklang mit den Jahreszeiten.

Von den essbaren Wildkräutern können Sie alles verwenden – einschließlich der Blüten und Früchte.

macht: frische grüne Pflanzen! Der grüne Smoothie öffnet uns das Tor in das bunte und geheimnisvolle Reich pflanzlicher Vitalstoffe, ohne dass wir unseren Leibgerichten abschwören müssen.

Ein Füllhorn voller Vitalstoffe

Das Besondere am grünen Smoothie ist sein Reichtum an Vitalstoffen. Was verstehen wir darunter? »Vitalstoffe« ist ein umgangssprachlicher Begriff für alle vom menschlichen Körper benötigten und die Gesundheit fördernden Stoffe, die unser Körper nicht selbst produzieren kann und die wir deshalb mit der Nahrung zu uns nehmen müssen. Vitalstoffe werden oft mit dem von Linus Pauling geprägten Begriff »Mikronährstoffe« gleichgesetzt. Dazu gehören in erster Linie Spurenelemente, Mineralstoffe, Vitamine, essenzielle Fettsäuren und Aminosäuren sowie sekundäre Pflanzeninhaltsstoffe. Von den Mikronährstoffen werden sogenannte Makronährstoffe unterschieden. Letztere sind die Energielieferanten und Baustoffe für den Körper, nämlich Kohlenhydrate (Zucker), Eiweiße (Proteine) und Fette (Lipide). Der Einfachheit halber wollen wir diese Definitionen beibehalten. Außerdem sind als weitere wesentliche Nahrungsbestandteile die Ballaststoffe zu nennen, die nur in pflanzlicher Nahrung enthalten sind, und die Gruppe der sogenannten »Nahrungsenzyme«, die eine sehr zentrale Rolle für eine dauerhafte Gesundheit spielen und praktisch nur in unveränderten Naturprodukten vorkommen.

Während unsere normale Nahrung reich an Kalorien – also Makronährstoffen – ist, fehlt es häufig an vielen Mikronährstoffen. Obwohl beispielsweise die Bedeutung von Vitaminen schon lange bekannt ist, haben Ärzte bis vor kurzem der Ernährung kaum Beachtung geschenkt. Die häufig schlechte und vitalstoffarme Krankenhauskost erinnert noch an diese Haltung. Mittlerweile hat uns die Wissenschaft eines Besseren belehrt. In zahlreichen Studien wurde bewiesen, dass besonders der Anteil von grünen Pflanzen in unserer Nahrung viel zu gering ist. Dies muss uns nicht verwundern, denn rohes Pflanzengrün schmeckt oft bitter und ist nur schwer in ausreichender Menge zu kauen. Erst durch den grünen Smoothie gibt es die ideale »Zubereitungsart«.

5 am Tag – gar nicht so einfach

Die Deutsche Gesellschaft für Ernährung (DGE) empfiehlt ausdrücklich, den Anteil tierischer Produkte in unserer Nahrung möglichst gering zu halten und vermehrt Obst und Gemüse zu essen. Pflanzen enthalten praktisch alle Vitalstoffe, die der Mensch braucht. Ein Erwachsener sollte mindestens 650 g täglich zu sich nehmen, davon 400 g in Form von Gemüse und 250 g in Form von Früchten. Die häufigsten »Wohlstandserkrankungen« wie Herzinfarkt und Diabetes könnten dadurch stark reduziert werden. Bekannt ist die Regel »5 am Tag«, also fünf Portionen Obst und Gemüse über den Tag verteilt zu sich zu nehmen. Rohkost ist dabei Gekochtem vorzuziehen. Die Praxis zeigt leider, dass dieser Wert noch lange nicht erreicht ist. Meistens beschränkt sich der Obst- und Gemüseverzehr auf einen Beilagensalat und vielleicht ein Stück Obst täglich, wenn überhaupt.

Warum wir nach wie vor Obst- und Gemüsemuffel sind, hat viele Gründe. Einer ist sicherlich, dass es nicht leicht ist, große Mengen von Salat zu sich zu nehmen, allein durch den dafür nötigen Kauprozess. Oft fehlt uns die Muße beim Essen, und unsere Zähne sind an weiche Speisen gewöhnt, die sich im Mund fast von selbst auflösen. Wenn wir rohe Pflanzen essen, kauen wir sie bei Weitem zu wenig, sodass Magen und Darm mit der Verdauung überlastet sind und Blähungen und Durchfälle auftreten. Um uns das zu ersparen, essen wir wenig Rohes, und das Wenige wird dann oftmals noch ungenügend verdaut. Die kostbaren Nährstoffe gelangen so nur zu einem Bruchteil in unseren Körper. Der Rest wird unverbraucht ausgeschieden.

Keine Ausrede mehr für Obst- und Gemüsemuffel

Mit dem grünen Smoothie haben wir durch das Mixen von Früchten und grünem Blattgemüse jetzt die Möglichkeit, große Mengen von rohen Pflanzen in einer Form zu uns zu nehmen, die schmackhaft und bekömmlich ist. Die Nährstoffe werden rasch und vollständig im Magen-Darm-Trakt aufgenommen, gelangen über die Pfortader in die Leber und stehen dort und anderswo dem Organismus für seine vielfältigen Syntheseprozesse zur Verfügung.

TRINKEN STATT ESSEN
Gehören Sie zu den Menschen, die sich zum Salat- oder Obstessen zwingen müssen, um genügend Vitalstoffe aufzunehmen? Dann können Sie sich jetzt auf den Genuss eines köstlichen Getränks freuen.

Analysen haben gezeigt, dass ein Mix aus verschiedenen Früchten und grünen Blättern praktisch alle Vitalstoffe enthält, die wir für Gesundheit und Wohlbefinden brauchen.

Nahrungsenzyme – unsere fleißigen Helfer

Enzyme, früher Fermente genannt, sind Wirkstoffe, die bei lebenswichtigen chemischen Reaktionen, die in unserem Körper ablaufen, als Katalysatoren wirken. Sie schaffen also die Voraussetzungen dafür, dass wir überhaupt reibungslos funktionieren können. Unser Körper ist genetisch so ausgestattet, dass jede Reaktion von speziellen Enzymen gesteuert wird. Seit den bahnbrechenden Forschungen von Dr. Edward Howell (Autor des Buchs »Enzyme Nutrition: The Food Enzyme Concept«) wissen wir, dass wir Bestandteile dieser Enzyme mit der täglichen Nahrung zu uns nehmen müssen. Frisches Obst und Gemüse sind voll von Nahrungsenzymen, die unser Körper direkt aufnehmen kann. Allerdings werden Nahrungsenzyme durch Erhitzen oder chemische Behandlung zerstört. Deshalb ist der Verzehr von roher Vitalkost so wichtig, und es gibt keine bessere Quelle für Nahrungsenzyme als grüne Smoothies. Zusammen mit all seinen Nährstoffen liefert der grüne Smoothie die Enzyme für deren Verstoffwechselung gleich mit, sodass die Enzymreserven des Körpers nicht angegriffen werden müssen. Ein besonderer Vorteil ist in diesem Zusammenhang, dass die Zutaten des grünen Smoothies durch den Mixvorgang sehr fein zerkleinert werden. Dadurch sind alle frischen Nahrungsenzyme frei verfügbar, und es entstehen keine Verdauungsbeschwerden, wie sie viele Menschen beim Verzehr von Rohkost haben. Zudem passiert der flüssige Smoothie sehr rasch den Magen, sodass die Magensäure keine Zeit hat, die Verdauungsenzyme zu deaktivieren. Diese Tatsache ist ebenfalls sehr wichtig, weil Verdauungsenzyme zum Großteil aus Proteinen bestehen, die durch das saure Milieu des Magensaftes zerstört würden.

Sekundäre Pflanzeninhaltsstoffe

Im grünen Smoothie-Mix kommt den sogenannten sekundären Pflanzeninhaltsstoffen eine besondere Bedeutung zu. Man geht heute von mindestens 100 000 Einzelsubstanzen aus, die in verschiedene chemische Gruppen eingeteilt werden, darunter Flavonoide, Carotinoide, Tannine, Lignine, Alkaloide, Phytoalexine, Terpene und viele andere. Sie werden auch als bioaktive Stoffe bezeichnet, weil sie teilweise sehr starke biochemische Wirkungen entfalten können. Der Pflanze dienen sie in erster Linie als Abwehrstoffe gegen Fressfeinde und Krankheitserreger. Andererseits locken sie als Farb- und Aromastoffe Insekten und Früchtefresser an, die dafür sorgen, dass Pollen und Samen verteilt werden. In der Naturheilkunde sind die sekundären Pflanzenstoffe wegen ihrer starken Heilwirkung von großer Bedeutung. Beispielsweise senken Polyphenole aus dem Granatapfel den Blutdruck, wirken Saponine und Flavonoide aus grünen Blättern entzündungshemmend und verringern Phytosterine aus Äpfeln die Blutfettwerte. Auch in der natürlichen Krebsvorsorge spielen viele von ihnen eine entscheidende Rolle. Mit dem grünen Smoothie können wir ganz einfach unterschiedliche Zusammensetzungen von heilsamen sekundären Pflanzeninhaltsstoffen zu uns nehmen und dadurch vielen Erkrankungen vorbeugen (siehe ab Seite 82).

MANCHE KÖNNEN MEHR

Pflanzen ernähren uns nicht nur. Aufgrund ihrer sekundären Inhaltsstoffe gehören bestimmte Pflanzen wie die Pfefferminze zu den Heilpflanzen und lindern oder heilen körperliche und psychische Beschwerden.

Vitamine schenken Lebenskraft

Vitamine sind essenzielle Stoffe, die unser Körper für lebensnotwendige Funktionen benötigt, aber selbst nicht ausreichend herstellen kann. Viele Vitamine werden im Körper gespeichert, sodass sich ein Mangel oft erst schleichend bemerkbar macht und schwere gesundheitliche Folgen nach sich ziehen kann. Große Teile der Bevölkerung leiden beispielsweise unter einem Mangel von Vitamin C, D, E oder Folsäure. Alle Vitamine (bis auf das Vitamin B12, das im größeren Umfang nur in den Früchten des Sanddorns vorkommt) finden wir in teilweise großer Menge im Pflanzengrün.

Forschungen zeigen, dass künstlich hergestellte Vitamine, wie sie in den meisten Vitamintabletten enthalten sind, sogar gesundheitsschädlich sein können. Nur gemeinsam mit den anderen in den Pflanzen vorkommenden Mikronährstoffen können Vitamine ihre wichtigen Funktionen entfalten. Das ist ein weiteres, sehr wichtiges Argument für den grünen Smoothie, der ja ausschließlich pflanzliche Zutaten in ihrer natürlichen Gesamtheit enthält! Achten Sie bei der Zubereitung des grünen Smoothies immer darauf, dass Sie unterschiedliche Früchte und Blätter verwenden, um möglichst viele Vitamine in ausreichender Menge zur Verfügung zu haben. Bestimmte Vitamine sind in grünen Pflanzen besonders reich vorhanden, beispielsweise Vitamin C oder Folsäure. Durch unser stressreiches Leben ist der Bedarf an Vitamin C enorm gestiegen. Vitamin C senkt signifikant das Risiko für Herzinfarkt und Schlaganfall, beugt Krebserkrankungen vor, verhindert grauen Star, senkt den Cholesterinspiegel, schützt vor Magengeschwüren und vielem mehr. Natürliches Vitamin C kann praktisch nicht überdosiert werden, je mehr wir davon zu uns nehmen, umso besser! Besonders reich an Vitamin C sind Wildkräuter wie die Brennnessel, das Scharbockskraut (das früher gegen Skorbut, eine Erkrankung durch einen Mangel an Vitamin C, eingesetzt wurde) oder der Giersch.

Mineralstoffe steuern unseren Körper

Unser Körper braucht für seine Funktion verschiedene Mineralstoffe. Häufig vorkommende Mineralien werden als Mengenelemente (oder Elektrolyte) bezeichnet, seltenere als Spurenelemente. Wir müssen sie mit der Nahrung zu uns nehmen. Im Körper fungieren sie als Aufbau- oder als »Regelstoffe« (weil sie viele Abläufe in unserem Körper »regeln«). Beispielsweise sind Kalzium, Magnesium und Phosphor unabdingbar für den Knochen- und Zahnaufbau. Als Regelstoffe üben sie in allen Stoffwechselprozessen wichtige Funktionen aus, etwa bei der Steuerung des Säure-Basen-Haushalts. Da die meisten Mineralien sehr rasch verbraucht sind, müssen sie schnell nachgeliefert werden. Deshalb sollten wir täglich ausreichend Mineralstoffe und Spurenelemente zu uns nehmen. Das bekannteste Spurenelement ist Eisen. Es ist für die Blutbildung und Sauerstoffversorgung essenziell. Stark verbreitet ist heutzutage ein Mangel an Zink. Er wird vorwiegend durch übermäßigen Stress verursacht und führt zu Übergewicht, Müdigkeit und Depressionen. Zink ist in vielen Lebensmitteln vorhanden. Besonders reich an Zink sind Keimlinge von Roggen und Weizen sowie alle Pflanzen, die auf zinkreichen Böden wachsen. Grüne Smoothies sind eine exzellente Quelle für Mineralstoffe, da grüne Pflanzen generell sehr mineralstoffreich sind. Achten Sie darauf, dass Kulturpflanzen wie Salate, die Sie für Ihren grünen Smoothie verwenden, biologisch angebaut sind – am besten nach Demeter-Richtlinien –, und Sie die Wildkräuter nur an sauberen, schadstoffarmen Standorten sammeln.

Aminosäuren und Eiweiß – unsere Zellbausteine

Eiweiß, wissenschaftlich Protein genannt, ist lebensnotwendig. Seine Grundbausteine sind Aminosäuren, von denen der Körper die meisten selbst herstellen kann. Acht Aminosäuren – bei Kindern zehn – kann der Körper jedoch nicht selbst produzieren. Diese werden als essenzielle Aminosäuren bezeichnet und sind der Grund, warum wir überhaupt Eiweiß zu uns nehmen müssen. Lange Zeit herrschte die Meinung vor, dass der Mensch für Kraft und Gesundheit viel Eiweiß braucht, insbesondere tierisches Eiweiß. Fleisch, Eier und Milchprodukte wurden als die wichtigsten

---

GESUNDER KNOCHENAUFBAU UND SCHUTZ VOR OSTEOPOROSE

Praktisch jede Pflanze enthält Kalzium, besonders reich daran sind Grünkohl und Petersilie, ideale Zutaten für Ihren grünen Smoothie! Magnesium, ein weiteres wichtiges Element für Knochen und Zähne, ist das Zentralatom in jedem Chlorophyllmolekül. Chlorophyll gibt Magnesium an den Körper ab und bindet schädliche, im Körper angesammelte Schwermetalle und fördert deren Ausscheidung. Dies ist eine der biochemischen Grundlagen für die entgiftende Wirkung des grünen Smoothies. Das dritte Element im Bunde für gesunde Knochen ist Phosphor. Er ist nach Kalzium der häufigste Mineralstoff im Körper und auch in jeder Pflanze vorhanden. Interessant ist, dass im Blattgrün viel mehr Mineralstoffe enthalten sind als in der Knolle. So enthalten die Blätter der Roten Rübe oder Roten Bete doppelt so viel Phosphor wie die Rübe selbst (siehe Seite 54). Generell kann man sagen, dass das Blattgrün einer Pflanze wesentlich nährstoffreicher ist als die Wurzel. Werfen Sie also Möhren-, Kohlrabi- oder Radieschengrün in den Mixer statt in den Abfall!

OHNE FLEISCH GEHT'S AUCH

Es ist heute wissenschaftlich erwiesen, dass der Mensch, auch in der Kindheit, für Wachstum und Gesundheit kein tierisches Eiweiß braucht.

Quellen für Eiweiß betrachtet. Mittlerweile jedoch hat ein Umdenken stattgefunden, und Wissenschaftler weisen heutzutage immer deutlicher darauf hin, dass der hohe Anteil an tierischem Eiweiß in unserer Nahrung gesundheitsschädlich ist.

Das hat damit zu tun, dass Fleisch und Milchprodukte komplexe Proteine in hochkonzentrierter Form enthalten, die von unserem Verdauungssystem oft nicht vollständig abgebaut werden können. Außerdem wird unser Körper vor allem durch Fleischkonsum massiv übersäuert. Fleisch enthält eine hohe Konzentration an Purinen, die im Stoffwechsel zu Harnsäure abgebaut werden. Ernährungswissenschaftliche Empfehlungen lauten, dass die tägliche Harnsäureproduktion im Körper etwa 300 Milligramm nicht übersteigen sollte. Dieser Wert wird allein durch den Konsum von 100 Gramm Fleisch erreicht, bei Innereien wie Leber oder Hefeprodukten sogar verdoppelt oder verdreifacht. Die Übersäuerung führt zu vielen schädlichen Reaktionen, die langfristig an den meisten Wohlstandserkrankungen wie Übergewicht, Arteriosklerose, Herzinfarkt, Krebs, Osteoporose, Gelenkrheumatismus und Alzheimer ursächlich beteiligt sind. Durch grünes Blattgemüse entsteht vergleichsweise wenig Harnsäure: Im Schnitt werden aus 100 Gramm grünen Blättern etwa 5 bis 15 Milligramm Harnsäure gebildet, wobei Spinat mit rund 30 Milligramm etwas stärker zu Buche schlägt.

Mittlerweile ist auch relativ bekannt, dass Eiweiße von Milch und Milchprodukten bei Kindern ein hohes Potenzial haben, Allergien und Folgeerkrankungen auszulösen. Im Vordergrund stehen vor allem Beschwerden des Magen-Darm-Traktes, aber auch Hauterkrankungen wie Neurodermitis, die mit Milchallergie in Zusammenhang gebracht wird. Zusätzlich kann es zu Erkrankungen der Atemwege kommen.

Für eine ausgewogene Ernährung sollte pflanzliches Eiweiß etwa 10 Prozent der täglich aufgenommenen Nahrungsenergiemenge darstellen. Das entspricht beim erwachsenen Menschen etwa 50 Gramm. Grüne Smoothies stellen eine hervorragende Eiweißquelle dar. Im Unterschied zu Fleisch enthalten grüne Blätter weniger komplexe Proteine, sondern viele einzeln vorkommende Aminosäuren, die der Körper direkt für die Erzeugung seiner eigenen Proteine verwenden kann. Rohes Blattgemüse besteht zu einem gewissen Prozentsatz aus Eiweiß – Spinat beispielsweise zu 5 Prozent, Kresse sogar zu 8 Prozent. Der Gehalt an essenziellen Aminosäuren ist in verschiedenen Pflanzen unterschiedlich. Ein Blick auf die Tabelle unten aus Victoria Boutenkos Buch »Green for Life« zeigt, dass beispielsweise der Weiße Gänsefuß – ein bei uns weit verbreitetes »Unkraut« – ungemein reich an essenziellen Aminosäuren ist.

Einer der Hauptvorteile von Eiweiß aus grünem Blattgemüse gegenüber tierischem Eiweiß besteht darin, dass grüne Blätter den menschlichen Stoffwechsel alkalisieren. Allen Erkrankungen, die durch Übersäuerung begünstigt werden – wie beispielsweise Allergien, Arteriosklerose, Gallensteine, Magen-Darm-Geschwüre, Osteoporose, Übergewicht und Rheuma – wird mit dem grünen Smoothie wirksam vorgebeugt.

Weißer Gänsefuß enthält viel pflanzliches Eiweiß.

Essenzielle Aminosäuren in Weißem Gänsefuß		
Aminosäuren	Empfohlene Tagesmenge für Erwachsene (mg/Tag)	Gehalt (in mg) in ca. 450 g Weißem Gänsefuß
Histidin	560	527
Isoleucin	700	1149
Leucin	980	1589
Lysin	840	1607
Methionin	910	222
Phenylalanin	980	754
Threonin	490	740
Tryptophan	245	173
Valin	700	1026

EIWEISS IST NICHT GLEICH EIWEISS

Im Unterschied zu tierischem Eiweiß ist pflanzliches Eiweiß purinarm oder sogar purinfrei. Purine werden im menschlichen Organismus zu gesundheitsschädlichen Säuren abgebaut.

Anteil an essenziellen Aminosäuren[*]

Aminosäure	Rindermuskel	Blattgemüse
Lysin	7,05 %	4,96 %
Tryptophan	1,13 %	1,65 %
Phenylalanin	4,26 %	3,91 %
Methionin	2,87 %	2,00 %
Threonin	4,00 %	3,57 %
Leucin	6,70 %	9,58 %
Isoleucin	5,48 %	4,69 %
Valin	5,04 %	5,21 %
Gesamt:	36,53 %	35,57 %

[*]gemessen am Gesamt-Eiweißgehalt (nach H. A. Schweigart und G. Quellmalz)

Grüne Blätter enthalten alle essenziellen Aminosäuren, die der Mensch braucht, wie die Tabelle oben zeigt. Um den Tagesbedarf an Eiweiß zu decken, sollte ein Liter grüner Smoothie etwa 200 bis 300 g grüne Blätter enthalten. Die Angst, zu wenig Eiweiß zu bekommen, ist heute gänzlich unbegründet. Wir leben in einer Eiweißmastgesellschaft und nehmen in der Regel viel zu viele Proteine tierischen Ursprungs zu uns. Um die Relation zu veranschaulichen: Muttermilch enthält weniger als zwei Prozent Eiweiß!

Fettsäuren – auf die Qualität kommt es an

Der menschliche Körper benötigt Fett für eine einwandfreie Funktion. Unser Gehirn besteht beispielsweise zu 60 Prozent aus Fett, und jede Zelle braucht für ihre Arbeit verschiedene Fette. In diesem Punkt hat in jüngster Zeit ein deutliches Umdenken eingesetzt. Wurde noch vor wenigen Jahren fettreiche Nahrung – insbesondere mit einem hohen Cholesteringehalt – pauschal verurteilt, hat man heute den Wert von Fett in der Nahrung wiederentdeckt. Allerdings ist es entscheidend, gesunde Fette zu sich zu nehmen und schädliche Fette zu vermeiden. Da grüne Blätter auch Fette enthalten, können Sie in Ihrem grünen Smoothie täglich besonders wertvolle Fettsäuren zu sich nehmen. Eine moderne Ernährungsempfehlung lautet, dass das aufgenommene Fett zu einem Drittel aus gesättigten Fettsäuren, wie Kokosöl in naturbelassener Rohkost-Qualität, und zu zwei Dritteln aus ungesättigten Fettsäuren bestehen sollte. Besonders wertvoll sind die mehrfach ungesättigten Omega-3-Fettsäuren, die wir in Lein-, Sesam- und Hanfsamen, Spinat, Weinblättern und Lauch finden. Essenziell wichtig sind außerdem Omega-6-Fettsäuren, die in einem ausgewogenen Verhältnis zu den Omega-3-Fettsäuren stehen sollten. Sie sind in fast allen Pflanzenkeimlingen, im Rosenkohl, in der Schwarzen Johannisbeere und im Möhrengrün vorhanden. Viele Pflanzen, darunter Avocados, enthalten beide Formen von ungesättigten Fettsäuren. Nicht essenziell, aber dennoch sehr wertvoll ist die Omega-9-Fettsäure (Ölsäure), die besonders reich in Oliven vorkommt. Sie wird dafür verantwortlich gemacht, dass Menschen, die viel Olivenöl essen, signifikant weniger Herz-Kreislauf-Erkrankungen haben.

Ballaststoffe sorgen für die Müllabfuhr

Pflanzen enthalten jede Menge Ballaststoffe. Sie sind wesentliche Bestandteile einer gesunden Ernährung. Leider ist unsere »normale« Nahrung recht arm an diesen wichtigen Stoffen, was zu ernsthaften Gesundheitsproblemen, vor allem des Verdauungstrakts, führen kann. Wasserunlösliche Ballaststoffe wie Zellulose oder Lignin unterstützen die Verdauung und sorgen für eine kräftige Darmtätigkeit und eine rasche Ausscheidung von Schadstoffen. Dadurch werden chronische Entzündungen der Darmschleimhaut wie Divertikulitis (eine häufige Erkrankung älterer Menschen) verhindert, und das Darmkrebsrisiko herabgesetzt. Außerdem binden sie Gallensalze, was indirekt zur Senkung des Cholesterinspiegels führt. Wasserlösliche Ballaststoffe (etwa Schleimstoffe und Pektin) werden von Darmbakterien zu Fettsäuren abgebaut, die dann die Darmschleimhaut gesund halten.

EINE IDEALE KOMBINATION
Da Ballaststoffe immer mit viel Flüssigkeit eingenommen werden sollten, ist der grüne Smoothie ideal: Er enthält beides reichlich.

Vitalkost versus Kochkost

Es ist schon lange bekannt, dass Rohkost – oder besser Vitalkost – nährstoffreicher ist als gekochte Nahrungsmittel. Beim Erhitzen auf über 42 °C werden zunächst Eiweiße wie Nahrungsenzyme und bei steigenden Temperaturen verschiedene Vitamine und sekundäre Pflanzeninhaltsstoffe verändert und zerstört. Diesen Vorgang bezeichnet man als Denaturierung. Trotz der enormen Qualitätseinbußen, die durch Erhitzen verursacht werden, ist gekochtes Essen zur weitverbreiteten Ernährungsgrundlage geworden. Das Hauptargument fürs Kochen lautet, dass gekochte Nahrung besser verdaulich sei.

Tatsächlich bekommen viele Menschen nach dem Verzehr von rohem Obst und Gemüse Bauchschmerzen, Blähungen und Durchfall. Das hängt damit zusammen, dass die Zellwände aller Pflanzen Zellulose und ähnliche Verbindungen enthalten, die unser an gekochtes Essen gewohnter Darm nur schlecht und unvollständig aufschließen kann. Durch die ungenügende Verdauungsleistung kommt es zu Fäulnisprozessen – es entstehen schädliche Gase. Diese Prozesse können nur vermieden werden, wenn Rohkost, bevor sie in den Dünndarm gelangt, in Partikel von weniger als einem Millimeter Durchmesser zerkleinert wird und die Zellwände der Pflanzen vollständig aufgebrochen werden. Vorbilder sind pflanzenfressende Tiere, die durch stundenlanges Kauen und Wiederkäuen die nötige Vorverdauung von roher Pflanzenkost erledigen. Der Mensch ist davon abgekommen und schließt die Nahrung lieber durch Erhitzen auf. Physikalisch ist das möglich, führt aber zu einer deutlich minderwertigeren Nahrung.

Naturbelassen und trotzdem gut verdaulich

Indem wir grüne Pflanzen zusammen mit Früchten zu einem sämigen Smoothie pürieren, steht uns das ganze Angebot hitzeempfindlicher Nahrungsbestandteile wieder in optimaler Qualität zur Verfügung. »Rohkost« wird tatsächlich zu »Vitalkost«, weil lebendige Bestandteile wie Nahrungsenzyme unverändert in unseren Organismus gelangen und seine Enzymreserven stärken. Je kleiner die durch den Mixvorgang entstehenden Partikel sind, desto leichter können sie vom Dünndarm ins Blut gelangen. Entscheidend ist dabei, dass der Nahrungsbrei nicht lange im Magen verweilt. Bei zu langer Verweildauer kommt es durch die Magensäure zu einer Zerstörung der Nahrungsenzyme, wie es auch bei schlecht gekauter und schnell hinuntergeschlungener Rohkost der Fall ist. Ein fein pürierter grüner Smoothie verweilt extrem kurz im Magen und führt dem Körper in hoher Konzentration all die nötigen Vitalstoffe zu, die in gekochter Nahrung nicht mehr oder nur noch in geringen Mengen vorhanden sind.

Diese Zusammenhänge machen eines deutlich: Der grüne Smoothie ist deshalb ein genialer Ernährungsbaustein, weil der Mixer uns dabei hilft, unsere naturbelassene Nahrung so aufzuschließen, dass wir die lebensnotwendigen Vitalstoffe in bislang unbekanntem Ausmaß aufnehmen können. Und genau das ist der gesundheitliche Unterschied, der den grünen Smoothie zu einer tatsächlichen Ernährungsinnovation macht!

Grüne Blätter – eine eigene Nahrungsmittelkategorie

Wie wir gesehen haben, liefert uns das Pflanzengrün in seiner Zusammensetzung die meisten Vitalstoffe aller Lebensmittel. Victoria Boutenko schlägt deshalb vor, diese Tatsache auch entsprechend zu würdigen und die grünen Pflanzen zu einer eigenen Nahrungsmittelkategorie zu erklären.

Zu den gängigen Nahrungsmittelkategorien gehören (in alphabetischer Reihenfolge):

> Alkoholfreie Getränke
> Alkoholhaltige Getränke
> Brot und Backwaren
> Eier
> Fast Food und Fertiggerichte
> Fisch und Meeresfrüchte
> Fleisch und Geflügel
> Gemüse
> Getreideerzeugnisse
> Käse und Käseprodukte

WILLKOMMENE VERDAUUNGSHILFE
Durch den Mixvorgang werden die Pflanzen quasi »vorverdaut«. Das entlastet den Magen-Darm-Trakt massiv. Wer Probleme mit Rohkost hat, verträgt deshalb meist die grünen Smoothies gut.

> Kartoffelprodukte
> Milch und Milchprodukte
> Obst
> Pilze
> Samen und Nüsse
> Speisefette und Öle
> Süßwaren
> Wurst und Fleischwaren.

Das Pflanzengrün wird gemeinhin dem Gemüse zugerechnet, weil es bislang hauptsächlich als Salat auf unserem Teller landet. Inzwischen wissen wir jedoch, dass die grünen Blätter ein vielfältiges rohköstliches Nahrungsangebot darstellen, das wir im grünen Smoothie in seiner ganzen Bandbreite nutzen können.

Zum Pflanzengrün zählen:

> Salate (Eichblatt, Romana, Batavia usw.)
> Blattgemüse (Spinat, Mangold, Postelein usw.)
> Gartenkräuter (Petersilie, Basilikum, Majoran usw.)
> Grüne Stängel wie Staudensellerie
> Grüne Kohlsorten (Grünkohl, Wirsingkohl, Spitzkohl usw.)
> Das Grün von Wurzel- und Knollengemüsen (Möhre, Kohlrabi, Rote Bete usw.)
> Wildkräuter und essbare Wildpflanzen (Brennnessel, Giersch, Löwenzahn usw.)
> Blätter von Laubbäumen (Linde, Birke usw.)
> Blätter von Büschen und Sträuchern (Weißdorn, Brombeere, Himbeere usw.)
> Junge Triebe von Nadelbäumen (Lärche, Kiefer, Fichte usw.)
> Getreidesprösslinge (Dinkel, Gerste usw.)

Achten Sie darauf, dass Sie immer genug »Grünzeug« im Haus haben.

Bislang fanden viele dieser Nahrungsmittel wenig Beachtung, weil einerseits nicht bekannt war, wie vitalstoffreich sie sind, und es andererseits keine Möglichkeit gab, sie auf schmackhafte und unkomplizierte Weise zu sich zu nehmen. Zwar essen viele Menschen ihren täglichen Salat und würzen ihre Speisen mit Gartenkräutern,

aber die verzehrte Menge hält sich dabei sehr in Grenzen. Auch das Gemüse, das als Rohkost gegessen wird, umfasst bei den meisten nur einen geringen Teil der täglichen Ernährung. Das hat seinen guten Grund, denn die grünen Kohlsorten, das Grün von Wurzelgemüsen und frisch gepflückte Wildkräuter werden erst im grünen Smoothie wirklich genießbar.

Die neue Nahrungsmittelkategorie »Pflanzengrün« macht deutlich, dass uns die Natur ein vielfältiges Nahrungsangebot zur Verfügung stellt, das uns bestens mit den Vitalstoffen versorgt, die Körper, Geist und Seele für ein harmonisches Wohlergehen brauchen. Je mehr die grünen Pflanzen in unserer täglichen Ernährung Einzug halten, desto höher wird der rohköstliche Anteil unserer Nahrung und desto besser ist es für unsere Gesundheit. Der grüne Smoothie trägt dazu entscheidend bei.

Wild wachsende Kräuter – das Nonplusultra im grünen Smoothie

Der Verzehr von Wildkräutern ist »in«. Immer mehr Menschen besinnen sich auf diese natürliche Nahrungsquelle, die in unseren Breiten in jedem Frühjahr aufs Neue in Hülle und Fülle übersprudelnd wächst und den Speisezettel bereichert. Dem Problem, dass Wildkräuter nur in den warmen Jahreszeiten wachsen und frisch genossen werden können, kann durch eine technische Errungenschaft begegnet werden: den Gefrierschrank. In Studien konnte nachgewiesen werden, dass schockgefrorene Lebensmittel über 90 Prozent der Vitalstoffe, die sie im Frischezustand enthalten, über einen sehr langen Zeitraum konservieren können. Vorausgesetzt, sie werden ordnungsgemäß gefroren, und die Kühlkette wird nicht unterbrochen. Da bekannt ist, dass vor allem Grünpflanzen nach ihrer Ernte sehr rasch an Vitalstoffen verlieren, kann es günstiger sein, für den grünen Smoothie beispielsweise gefrorenen Spinat zu verwenden statt »frische« Ware, die schon drei Tage oder mehr auf Transportwegen verbracht oder im Geschäft gelegen hat. Sie können entsprechend Wildkräuter im Frühjahr und Sommer reichlich in der Natur ernten, sie dann einfrieren und während der kalten Jahreszeit täglich nach Lust und Laune in den Mixer geben.

DAS PLUS DER WILDKRÄUTER

Bei den angebauten Erzeugnissen der konventionellen Landwirtschaft nimmt der Vitalstoffgehalt stetig ab, weil immer mehr Produkte aus Gewächshäusern stammen, unreif geerntet werden und nicht auf naturbelassenen Böden wachsen. Die wild wachsende Pflanze ist von dieser Entwicklung nicht betroffen. Sie wurde nicht durch Züchtung geschwächt, sondern zieht die Vitalstoffe direkt aus dem naturbelassenen Boden oder bildet sie selbst.

Inhaltsstoffe* von Kultur- und Wildpflanzen

Kulturgemüse	Wasser	Kalium	Phosphor	Magnesium	Kalzium	Eisen
Chinakohl	95,4	202	–	11	40	0,6
Kopfsalat	95,0	224	33	11	37	1,1
Chicorée	94,4	192	26	13	26	0,7
Endiviensalat	94,3	346	54	10	54	1,4
Feldsalat	93,4	421	49	13	35	2,0
Mangold	92,2	376	39	–	103	2,2
Weißkohl	92,1	227	27,5	23	46	0,5
Rotkohl	91,8	266	30	18	35	0,5
Blumenkohl	91,6	328	54	17	20	0,6
Spinat	91,6	633	55	58	126	4,1
Grünkohl	86,3	490	87	31	212	1,9
Rosenkohl	85,0	411	83	22	31	1,1
Mittelwert	91,9	343	48,9	20,6	63,7	1,4
Wildgemüse	**Wasser**	**Kalium**	**Phosphor**	**Magnesium**	**Kalzium**	**Eisen**
Vogelmiere	91,5	680	54	39	80	8,4
Löwenzahn	89,9	590	68	23	50	1,2
Franzosenkraut	87,8	390	56	56	410	14,0
Gänseblümchen	87,5	600	88	33	190	2,7
Weißer Gänsefuß	86,9	920	80	93	310	3,0
Huflattich	84,8	670	51	58	320	3,8
Brennnessel	84,8	410	105	71	630	7,8
Schlangen-knöterich	84,0	580	74	69	100	3,9
Wilde Malve	82,0	450	95	58	200	5,1
Guter Heinrich	81,7	730	95	66	110	3,5
Bärenklau	79,8	540	125	75	320	3,2
Schmalblättriges Weidenröschen	75,0	450	94	81	150	2,7
Mittelwert	84,6	584	82	60	238	4,1**
Bedarf pro Tag für Erwachsene in mg		3000–4000	800	300–350	800	12–18

*Wassergehalt in % und Mineralstoffgehalt in mg pro 100 g essbaren Anteils; **ohne Franzosenkraut
Quelle: Steffen Guido Fleischhauer: Enzyklopädie der essbaren Wildpflanzen, S. 11

Nicht gleich von null auf hundert

Da Wildkräuter sehr potente Nahrungsmittel sind, sollten Sie Ihren Mixer, nachdem Sie ihn halb mit Früchten gefüllt haben, nicht gleich ausschließlich mit dem auffüllen, was Sie draußen in Wald und Wiese vorfinden. Ein solches Vorgehen kann nämlich zweierlei eher unangenehme Effekte haben: Erstens sind reine Wildkräuter-Smoothies (also grüne Smoothies, bei denen der Anteil des Pflanzengrüns zu 100 Prozent aus Wildkräutern besteht) für den Anfänger sehr gewöhnungsbedürftig, weil sie herber und kräftiger schmecken als Smoothies, deren Grünanteil hauptsächlich aus Salaten und Spinat besteht. Zweitens kann eine hohe Wildkräutermenge beim Einstieg in die grünen Smoothies zu Entgiftungserscheinungen führen, weil der Körper sofort anfängt, sich von seinen gespeicherten Schadstoffen zu trennen, wenn er die dafür notwendigen Katalysatoren durch die grünen Pflanzen in ausreichender Menge erhält.

VITALSTOFF-POWER

Wilde Pflanzen und Gartenkräuter geben dem grünen Smoothie nicht nur einen geschmacklichen Kick, sondern steigern auch seine gesundheitliche Wirkung. Geben Sie diese Geschenke der Natur daher mäßig, aber regelmäßig in Ihren Mixer.

Was sind Entgiftungserscheinungen?

Rohkostnahrung trägt maßgeblich zur Entgiftung und Reinigung des menschlichen Körpers bei. Sogenannte Entgiftungserscheinungen können auftreten, wenn in der Nahrung der Rohkostanteil erhöht wird. Darüber gibt es zahllose Erfahrungsberichte von Rohköstlern. Entgiftungserscheinungen können sehr vielfältig und individuell sehr unterschiedlich sein. Ihre Ursache ist nicht eindeutig geklärt, im Wesentlichen finden Ausleitungsprozesse auf molekularer und energetischer Ebene statt. Die nachfolgenden Symptome sind relativ häufig:

> Müdigkeit und Abgeschlagenheit,
> geringere Ausdauer,
> Hautunreinheiten,
> Gewichtsabnahme,
> Neigung zum Frieren, kalte Hände und Füße,
> Verdauungsbeschwerden,
> Kopfschmerzen,
> Schlafstörungen,
> niedriger Blutdruck,

> seelische Labilität,
> vermehrtes Schlafbedürfnis,
> Menstruationsprobleme.

Derartige Reinigungssymptome können unterschiedlich lange, oft auch über viele Monate in unterschiedlicher Intensität auftreten. Mit dem grünen Smoothie steigt der Rohkostanteil und damit die Entgiftungsaktivität des Körpers. Relevant werden Entgiftungserscheinungen, wenn Sie auf 100 Prozent Rohkost umsteigen wollen. Solche Reinigungsvorgänge im Körper sind prinzipiell als positiv zu werten, können aber ungewohnt und vorübergehend unangenehm sein. Letztlich bewirkt mehr Rohkost einen gesünderen und weniger anfälligen Körper. Wenn der Umstieg auf Rohkost und die Entgiftungsprozesse abgeschlossen sind, kehrt sich das Bild um, und viele positive Phänomene werden spürbar:

> innere Ruhe,
> körperlich-geistiges Wohlbefinden,
> hervorragende Ausdauer und Leistungsfähigkeit,
> seelische Stabilität,
> hoher Schutz vor Erkrankungen,
> geringer Schlafbedarf,
> hervorragende Durchblutung,
> reine Haut.

Der übereifrige Einsteiger kann aufgrund von möglichen Entgiftungserscheinungen zu der falschen Schlussfolgerung gelangen, dass er den grünen Smoothie nicht verträgt. Deshalb ist es am besten, sich langsam in die Welt dieses Power-Drinks und vor allem der Wildkräuter »einzuschleichen«. Achten Sie also immer darauf, dass Ihnen der grüne Smoothie gut schmeckt, Sie ihn gut verdauen und Sie sich nach seinem Genuss fit und wohl fühlen. Ab Seite 82 zeigen wir Ihnen, wie Sie bestimmte Wildkräuter gezielt einsetzen können, um bestimmte gesundheitliche Effekte zu erzielen. Für den täglichen Hausgebrauch sollten Sie am Anfang jedoch darauf achten, dass Sie die wilden Kräuter mit anderem Pflanzengrün (wie Salat und Spinat) mischen, damit sich Ihr Körper nach und nach an die hochkonzentrierte Vitalstoffzufuhr gewöhnen kann. Schließlich sollen Sie sich durch das Trinken des grünen Zauber-

NICHT ÜBERTREIBEN
Wenn Sie grüne Smoothies in Ihre Ernährung mit Bedacht einführen und den Anteil der Wildkräuter langsam, aber stetig steigern, werden Sie kaum oder gar keine Entgiftungserscheinungen spüren.

tranks so wohl fühlen, dass Sie ihn mit Begeisterung in Ihren täglichen Speiseplan aufnehmen.

Ganzheitlich harmonisierende Wirkung

Wie bereits dargelegt, wirkt der grüne Smoothie nicht nur auf körperlicher Ebene, sondern hat eine harmonisierende Wirkung auf Körper, Geist und Seele. Uns ist es wichtig, auf diesen Punkt hinzuweisen, denn als Ernährungsinnovation hat der grüne Smoothie das Potenzial, weit über die reine Ernährung hinaus zu wirken. Victoria Boutenko hat es auf den Punkt gebracht: Körperlich-geistige Gesundheit ist nicht das einzige Ziel. Unser höheres Ziel als Menschen besteht darin, glücklich zu sein und in Kooperation und Toleranz mit anderen Menschen und der gesamten Schöpfung zu leben. Boutenkos Meinung nach sind wir spirituelle Wesen mit einer spirituellen Mission. Viele Menschen wissen inzwischen im Herzen, dass ihr Leben nicht nur aus individueller Selbstverwirklichung bestehen kann, sondern noch einen höheren Zweck erfüllen sollte. Probieren Sie es aus: Der grüne Smoothie fördert tatsächlich Mitgefühl, Ausgeglichenheit und die Besinnung auf das größere Ganze, wie es sich auch immer für jeden Einzelnen zeigen mag. Wir Autoren sind davon überzeugt, dass die Menschheit eine immer schon bestehende Einheit bildet, auf die wir uns in jedem Moment besinnen können, um auf dieser Basis zum Wohle aller zu handeln.

GU-ERFOLGSTIPP　VERWÖHNEN SIE IHRE GÄSTE MIT GRÜNEN SMOOTHIES

Der grüne Smoothie fördert nicht nur Ihr eigenes Wohlbefinden, sondern bereichert auch den zwischenmenschlichen Bereich. Trinken Sie einen grünen Smoothie als »Willkommenstrunk« bei Geburtstagsfeiern, Festen und Empfängen. Servieren Sie ihn als gesunden Muntermacher bei Besprechungen, auf Konferenzen und Seminaren. Auf diese Weise signalisieren Sie, dass es Ihnen um die Gesundheit und das Wohlbefinden Ihrer Mitmenschen geht. Sie werden überrascht sein, wie sehr der grüne Zaubertrank plötzlich zum Gesprächsthema wird und sogar Kooperation und Toleranz fördert!

GRÜNE SMOOTHIES SELBST MACHEN

Starten Sie sofort: Sie müssen keine Voraussetzungen erfüllen und keinen günstigen Zeitpunkt abwarten, sondern können gleich heute noch damit anfangen, den leckeren Power-Drink auszuprobieren.

Der grüne Smoothie als täglicher Vitalstoffquell

Haben Sie sich schon einmal gewünscht, sich so vital und fit zu fühlen, dass Sie sich keine Gedanken mehr um Ihre Gesundheit und Fitness machen müssen? Träumen Sie davon, rundum gut mit dem versorgt zu sein, was Ihr Körper täglich braucht? Der grüne Smoothie macht Träume wahr und schreibt Ernährungsgeschichte. Lassen Sie sich zu einem neuen Abenteuer in Ihrer Küche inspirieren. Nie war es einfacher, sich gesund zu ernähren. Der grüne Power-Drink wird auch Ihr Leben in vielerlei Hinsicht bereichern.

Starten Sie in die leckere Welt der grünen Smoothies

Das Einzige, was Sie am Anfang brauchen und sich eventuell anschaffen müssen, ist ein Mixer. Mit einem Rührstab können Sie für einen ersten Geschmackstest arbeiten, doch wenn Sie täglich Smoothies trinken wollen, ist er ungeeignet: Er zerkleinert Früchte und Pflanzengrün nicht ausreichend und hält erfahrungsgemäß der regelmäßigen Herstellung von grünen Smoothies nicht lange stand. Kaufen Sie sich also einen Standmixer, je höher die Drehzahl (Umdrehungen pro Minute), umso besser. Am besten eignet sich ein sogenannter Hochleistungsmixer (ab 30 000 Umdrehungen in der Minute). Aber er hat seinen Preis und sollte erst gekauft werden, wenn Sie sicher sind, dass Sie den grünen Smoothie in Ihre tägliche Ernährung aufnehmen möchten.

Wenn Sie sich an die Fifty-fifty-Regel halten, kann nichts schief gehen. Füllen Sie einfach Ihren Mixbehälter jeweils zur Hälfte mit süßen Früchten und grünen Blättern, und fügen Sie einen halben Liter Wasser hinzu. Beginnen Sie mit der niedrigsten Drehzahl, und steigern Sie diese, sobald das Schneidwerk des Mixers Früchte und Pflanzen voll erfasst hat und zu zerkleinern beginnt. Pürieren Sie Ihren grünen Smoothie so lange, bis alle Zutaten sich »aufgelöst« haben. Es ist faszinierend, zu beobachten, wie schnell sich ein fester in einen flüssigen Aggregatzustand verwandeln kann.

GU-ERFOLGSTIPP   SO KLAPPT ES BESTIMMT

> Verwenden Sie nur frisches, biologisch angebautes Obst und Pflanzengrün.

> Verwenden Sie ausschließlich ganz reife Zutaten.

> Geben Sie die Früchte, weil sie härter sind, nach unten in den Mixer.

> Achten Sie darauf, dass der Anteil des Pflanzengrüns möglichst hoch ist.

> Unterstützen Sie den Mixvorgang gegebenenfalls mit einem Stopfer.

> Wenn der Mixer nicht so gut arbeitet, fügen Sie mehr Wasser dazu.

> Mixen Sie die Zutaten nicht zu lange, damit keine unnötige Erwärmung stattfindet. Bei einem starken Mixer sind 30 bis 45 Sekunden oft schon ausreichend.

Welchen Mixer brauche ich?

Der Mixer ist das entscheidende Arbeitsgerät bei der Herstellung von grünen Smoothies. Generell gilt: je leistungsstärker, umso besser. Entscheidend für die Leistung ist nicht die angegebene Wattzahl, sondern es sind die Umdrehungen pro Minute; sehr gut geeignet sind Geräte, bei denen sich die Messer 30.000 Mal oder noch mehr in der Minute drehen – das sind 500 Umdrehungen in der Sekunde! Die Kraft, die ein solcher Mixer hat, reicht aus, um die Zellulosewände der Pflanzenzellen aufzubrechen. Stiele, Strünke und Kerne haben keine Chance, dem Tornado im Mixer zu entkommen. Ein Gerät mit 30.000 Umdrehungen in der Minute oder mehr schafft sogar mühelos Avocadokerne! Durch das sehr feine Pürieren bei sehr hoher Drehzahl wird der grüne Smoothie nicht nur bekömmlicher, sondern schmeckt auch besser, weil sich alle Geschmacksstoffe im Mund entfalten können.

Aller Anfang ist leicht

Natürlich brauchen Sie keinen Hochleistungsmixer, um in die Welt der grünen Smoothies einzusteigen. Am besten fangen Sie mit dem Mixer an, den Sie bereits zu Hause stehen haben. Sobald Sie den grünen Smoothie zum festen Bestandteil Ihrer Ernährung gemacht haben, können Sie immer noch »nachrüsten«. Wenn Sie sich für den Einstieg einen preiswerten Mixer zulegen wollen, sollten Sie auf bewährte Marken setzen.
Je weniger Wasser Sie verwenden, desto mehr müssen Sie mit einem Stopfer arbeiten, um den Mixinhalt weiter nach unten auf das Schneidwerk zu drücken. Achten Sie beim Kauf darauf, dass Ihr Mixer über solch einen praktischen Stopfer verfügt, der über ein spezielles (verschließbares) Loch im Deckel eingeführt wird.

GRÜNER STROM
Achten Sie beim Strom für Ihren Mixer darauf, dass auch er grün ist und aus erneuerbaren Quellen stammt.

Mehr Spaß mit mehr Power

Je länger Sie täglich Ihren grünen Smoothie trinken und seine wohltuenden Wirkungen am eigenen Körper erfahren, desto mehr entwickelt sich vielleicht in Ihnen der Wunsch, alle Geschenke der Natur – also auch die »härteren Sachen« – nutzen und problemlos verarbeiten zu können. Das Mixen der grünen Smoothies macht erst dann richtig Spaß, wenn in Ihrer Küche ein Gerät steht, dass es mit allen Zutaten aufnehmen kann. Wenn Sie sich dann für den Kauf eines Hochleistungsmixers entschieden haben, können wir Ihnen zwei Geräte empfehlen, die wir selbst benutzen und die Sie bequem über das Internet bestellen können:

> Revoblend (Hersteller: Saro Küchengeräte, Deutschland)
> Vitamix (Hersteller: Vitamix Cooperation, USA)

Alle Mixer haben aus Sicherheitsgründen einen Behälter aus Hartplastik und nicht aus Glas. Es kommt in der täglichen Praxis immer wieder vor, dass Gegenstände (z. B. Metalllöffel) im Mixbehälter übersehen werden und das Gerät eingeschaltet wird. Bei einem Gefäß aus Glas würde der Mixer in dieser Situation zu einem gefährlichen Splittergeschoss mit hoher Verletzungsgefahr. Außerdem wird ein Behälter aus Glas sehr schwer, wenn er voll gefüllt ist.

Was außerdem geht

Mit einem guten Mixer können Sie nicht nur leckere grüne Smoothies herstellen, sondern auch noch viele andere Bestandteile einer vielfältigen Vitalkostküche wie Nussmilch, rohe Schokolade oder milchfreies Eis.

Und wer im Winter etwas Warmes braucht, dem sei gesagt, dass ein Hochleistungsmixer innerhalb von fünf Minuten sogar eine warme Suppe zaubert – einfach nur durch seine hohe Drehzahl entsteht Hitze.

NICHT NUR LEBENSMITTEL

»Der Mixer zerschreddert unsere alten Ernährungsgewohnheiten.«
Olaf Barczewski, Berlin

Am besten bereiten Sie sich Ihren grünen Smoothie jeden Morgen frisch zu. Genießen Sie ihn auf leeren Magen als Frühstück, denn dann hat Ihr Körper den natürlichen Hunger (siehe Seite 84), den er braucht, um die zugeführte Nahrung vollständig aufnehmen zu können. Vergessen Sie nicht: Der grüne Smoothie ist kein Getränk, sondern eine vollständige Rohkostmahlzeit. Er sollte daher am besten stets für sich getrunken werden. Lassen Sie immer ein gesundes Hungergefühl entstehen, mit dem der Körper signalisiert, dass er Energie in Form von Nahrung braucht. Nach einem grünen Smoothie sollten Sie mindestens 30 Minuten lang nichts anderes essen, damit Ihr Körper die zugeführten Vitalstoffe optimal verdauen und verwerten kann.

Experimentieren Sie mit den Zutaten, besonders wenn Sie ihn nicht nur für sich selbst, sondern auch für Ihre Familie zubereiten. Finden Sie die Mischungen und Rezepte heraus, die allen schmecken. Machen Sie – wenn nötig – für Ihre Kinder einen grünen Extra-Smoothie mit besonders süßen Früchten. Und wenn Ihr Partner oder Ihre Partnerin keinen süßen Power-Drink mag, dann mixen Sie ihm oder ihr einen sauren mit viel Zitrone. Jeder kann »seinen« Smoothie ganz individuell komponieren.

Der 3-Tage-Kick für Sofort-Einsteiger

Grüne Smoothies sind sehr leicht herzustellen. Probieren Sie zu Beginn einfach verschiedene Rezepte aus, und finden Sie heraus, welche Zusammensetzung Ihnen am besten schmeckt. Für den Anfang gilt es, nur Früchte, Pflanzengrün und Wasser in den Mixer zu geben. Auch Victoria Boutenko empfiehlt dem Anfänger: »Keep it simple!« Wenn Sie schon einen Mixer zu Hause haben, der Bioladen nicht weit ist oder das Obst und grüne Blattgemüse in Ihrem Garten nur darauf warten, frisch von Ihnen geerntet zu werden, können Sie noch heute loslegen.

Diese Gerätschaften und Zutaten brauchen Sie für drei Liter grünen Smoothie, mit dem Sie drei Tage lang auskommen:

> Haushaltsmixer (möglichst leistungsstark, siehe Seite 44/45)
> 3 Glasflaschen (je 1 Liter) mit Schraubverschluss und einer großen Öffnung zum problemlosen Einfüllen

Einkaufsliste für Zutaten:

> 3 reife Bananen
> 6 süße Äpfel
> 1 Zitrone
> 250 g Spinat
> 2 mittlere Salatköpfe
> 1,5 Liter gefiltertes Leitungswasser oder stilles Mineralwasser

Diese Zutaten reichen für drei Füllungen des Mixbehälters à einem Liter. Geben Sie je halb Früchte und halb grünes Blattgemüse in den Mixer, und gießen Sie zum Schluss den Inhalt bis zur Hälfte mit Wasser auf – ohne Wasser lassen sich Früchte und Grünzeug nicht ausreichend zerkleinern. Mixen Sie so lange, bis eine sämige Flüssigkeit entstanden ist, die Sie dann in die Flaschen abfüllen. Was Sie nicht gleich trinken, sollten Sie für den Gebrauch am nächsten Tag in den Kühlschrank stellen, weil der Smoothie am besten kühl und dunkel gelagert werden sollte. Im Kühlschrank hält sich der grüne Power-Drink drei Tage.

VÖLLIG ÜBERZEUGT

»Nachdem ich grüne Smoothies zum ersten Mal probiert hatte, konnte ich einfach nicht mehr von ihnen lassen. Die reizvolle Geschmacksvielfalt, der rasch spürbare gesundheitliche Effekt – das überzeugt mich absolut. Grüne Smoothies geben mir Power für den ganzen Tag!«
Horst Westphal, Berlin

Kaufen Sie so oft es geht, frisch am Bio-Marktstand ein, und probieren Sie immer wieder neue Zutaten aus.

Geeignete Zutaten für grüne Smoothies

Als Zutaten für unseren täglichen grünen Smoothie steht uns (fast) die gesamte grüne Natur zur Verfügung. Ein Überblick über die große Vielfalt von Früchten und Pflanzengrün soll Ihnen helfen, sich die besten Kombinationen für Ihre individuellen Lieblingsdrinks zusammenzustellen.

Eine Auswahl heimischer und tropischer Früchte, die (als süße oder saure Variation) lecker im grünen Smoothie schmecken:

Ananas
Apfel
Banane
Birne
Feige
Granatapfel
Grapefruit
Guave
Kaki
Kiwi
Litschi
Mandarine
Mango
Mirabelle
Nektarine
Orange
Papaya
Pfirsich
Pflaume
Stachelbeere (grün)
Weintraube
Zitrone

Farbliebhaber aufgepasst – diese Früchte schmecken im grünen Smoothie sehr gut, machen ihn jedoch braun:

Erdbeere
Heidelbeere
Himbeere
Johannisbeere
Kirsche
Preiselbeere
Stachelbeere (rot)

Welche Kerne kann ich im grünen Smoothie verwenden?

Prinzipiell sind die Kerne in den Früchten gute Lieferanten von Antioxidanzien und ungesättigten Fettsäuren. Ein leistungsstarker Mixer macht sie auch spielend cremig. Zitronenkerne eignen sich gut für den grünen Smoothie, denn ihnen werden desinfizierende Eigenschaften zugesprochen. Das aus ihnen gewonnene Öl kann vor Darmparasiten und Durchfall schützen. Dennoch sind nicht alle Kerne genießbar. Manche sind zu holzig wie bei Mangos oder haben zu viel Blausäure wie bei Kirschen.

Die Kerne von den folgenden Früchten können Sie »gefahrlos« im Mixer verwenden:

Apfel
Aprikose
Avocado
Birne
Grapefruit
Kaki
Melone
Orange
Papaya
Weintraube
Zitrone

Die Kerne von allen anderen Früchten (speziell von Steinobst) eignen sich wegen des Gehalts an Blausäure nicht.

Dieses Blattgemüse aus dem Bioladen oder dem eigenen Garten können Sie für Ihren grünen Smoothie verwenden:

Batavia
Chicorée
Chinakohl
Eichblattsalat
Endiviensalat
Feldsalat
Friséesalat
Gurkenblätter
Kohl (z. B. Grünkohl, Wirsing)
Kohlrabiblätter
Kresse
Kürbisblätter
Lauch (grüne Teile)
Mangold
Mizuna
Möhrengrün
Pok Choi
Postelein
Radicchio
Radieschenblätter
Rettichblätter
Römersalat
Rote-Bete-Blätter
Rucola
Rübenblätter
Sellerieblätter
Senfblätter
Spinat
Staudensellerie
Tatsoi
Weinblätter
Weizengras
Zucchiniblätter
Zwiebelgrün

Diese Gartenkräuter geben dem grünen Smoothie eine angenehme Würze:

Basilikum
Bohnenkraut
Borretsch
Dill
Estragon
Fenchelkraut
Gartenampfer
Kerbel
Koriander
Lavendel
Liebstöckel
Majoran
Minze
Oregano
Petersilie
Pfefferminze
Pimpinelle
Rosmarin
Salbei
Schnittlauch
Thymian
Zitronenmelisse

Tipp: Achten Sie darauf, dass Sie von diesen Kräutern nicht zu viel in Ihrem grünen Smoothie verwenden, weil sonst der Geschmack zu dominant wird.

Frisch gekeimte Sprossen passen (in Maßen) auch gut in den grünen Vitalstofftrunk:

Sprossen von Hülsenfrüchten
Erbsen
Kichererbsen
Linsen
Luzerne (Alfalfa)
Mungbohnen
Sojabohnen

Getreidesprossen
Gerste
Hafer
Hirse
Mais
Reis
Roggen
Weizen

Blattgemüse-Sprossen
Brokkoli
Kresse
Rucola

Knollengemüse-Sprossen
Knoblauch
Radieschen
Rettich
Rote Bete
Zwiebel

Weitere leckere Sprossen
Buchweizen
Leinsamen
Senf
Sonnenblumen
Bockshornklee

Tipp: Wenn sich bei Sprossen die ersten grünen Blätter bilden, verfügen sie über eine besonders hohe Konzentration an Alkaloiden, um sich gegen Fressfeinde zu schützen. Ergänzen Sie daher Ihren grünen Smoothie höchstens zweimal in der Woche mit (am besten selbst gezogenen) Sprossen.

Auch grüne Pflanzen aus dem Meer und Algen eignen sich hervorragend als Smoothiezutat:

Afa-Algen
Chlorella-Algen
Nori-Algen

Seetang (frisch oder getrocknet)
Spirulina-Algen

Tipp: Algen und Seetang sind sehr jodhaltig. Ihre Verwendung im grünen Smoothie hilft daher, Schilddrüsenerkrankungen vorzubeugen.

Verwenden Sie auch grüne Sprösslinge von folgenden biologisch angebauten Getreidearten:
Dinkel
Gerste
Hafer
Mais
Reis
Roggen
Weizen
Sowie:
Buchweizen (Knöterichgewächs)
Hirse (Süßgras)

Diese Wildkräuter sollten Ihren grünen Smoothie bereichern. Bei allen können Sie sowohl die Blätter als auch die Blüte verwenden:
Ackerhellerkraut
Ackerschachtelhalm
Ackersenf
Ackerwinde
Bärlauch
Baldrian
Barbarakraut
Beifuß
Beinwell
Brennnessel
Brunnenkresse
Distelarten
Ehrenpreis
Franzosenkraut
Frauenmantel

Gänseblümchen
Gänsefingerkraut
Giersch
Goldrute
Gras
Günsel
Gundermann
Guter Heinrich
Hanf
Heckenrose
Hirtentäschel
Hopfen
Huflattich
Johanniskraut
Kamille
Kapuzinerkresse
Klatschmohn
Klee
Klette
Klettenlabkraut
Knoblauchsrauke
Knöterichgewächse
Königskerze
Löwenzahn
Lungenkraut
Mädesüß
Malve
Melde
Pfefferminze
Rohrkolben
Sauerampfer
Schafgarbe
Scharbockskraut
Schaumkraut
Storchschnabel
Taubnessel
Tausendgüldenkraut
Veilchen
Vogelmiere
Waldmeister
Wegerich
Wegwarte
Weißer Gänsefuß

Wicke
Wiesenbocksbart
Wiesenschaumkraut
Wilde Malve
Wilde Möhre
Wilder Oregano
Wilder Senf

Wichtig: Schonen Sie die wilden Kräuter, damit sie auch im nächsten Jahr wieder wachsen. Nehmen Sie zum Sammeln eine Gartenschere mit, und schneiden Sie die Pflanzen über dem Erdboden ab. Auch einzelne Blätter lassen sich besser mit einer geeigneten Schere entfernen. Reißen Sie niemals eine Pflanze aus, damit sie wieder austreiben kann.

Diese (jungen, hellgrünen) Blätter und Nadeln (Frühlingstriebe) sowie die Blüten eignen sich ebenfalls sehr gut für den grünen Power-Drink:

Ahorn
Birke
Buche
Douglasie
Eiche
Erle
Esche
Fichte
Haselnuss
Kastanie
Kiefer
Lärche
Linde
Pappel
Quitte
Rose
Sanddorn

Schlehe
Tanne
Ulme
Wacholder
Walnuss
Weide
Weißdorn
Wilder Wein

Blätter von Obstbäumen
Apfel
Aprikose
Birne
Kirsche
Mirabelle
Pfirsich
Pflaume

Blätter von Beerensträuchern
Brombeere
Elsbeere
Erdbeere
Heidelbeere
Himbeere
Johannisbeere
Moosbeere
Preiselbeere
Stachelbeere

Tipp: Am besten schmecken die saftigen Blätter und Triebe von Wildpflanzen, Bäumen, Büschen und Sträuchern, wenn sie im Frühjahr frisch sprießen. Im Frühling sind sie voller Vitalstoffe und Lebensenergie. Diese unbändige Kraft geht dann später in die Blüte und in die Samen über, wenn das Leben an die nächste Generation weitergegeben wird. Verpassen Sie daher auf keinen Fall eine reinigende Vitalstoffkur im Frühjahr.

Essbare Wildblumen:
Ackerwinde
Distel
Gänseblümchen
Glockenblume
Königskerze
Klee
Kornblume
Löwenzahn
Primel
Ringelblume
Rose
Schlüsselblume
Stiefmütterchen
Veilchen
Vergissmeinnicht
Weidenröschen
Witwenblume

Sonderfall Aloe vera

Aloe vera eignet sich auch sehr gut für den grünen Smoothie. Sie können diese Pflanze in Ihrem Haus oder Ihrer Wohnung in einem Topf halten und immer kleine Stücke von den fleischigen Blättern abschneiden (siehe Seite 114).

Weit verbreitet, aber giftig – nichts für den grünen Smoothie
Es gibt auch giftige Pflanzen, von denen Sie die Finger lassen sollten. Zum Glück ist ihre Anzahl relativ gering, sodass Sie sich die wichtigsten leicht einprägen können. Bei einigen Pflanzen besteht auch Verwechslungsgefahr, deshalb sollten Sie sich auf jeden Fall ein gutes Bestimmungsbuch besorgen oder sie im Zweifelsfall weglassen! Nehmen Sie auch auf jeden Fall an einer Wildkräuter-Wanderung teil, um die essbaren und nicht essbaren Pflanzen unmittelbar in der Natur erkennen zu lernen (siehe Seite 62).

Zu den bekanntesten Giftpflanzen zählen:

Ackerschöterich
Alpenrose
Aronstab
Bilsenkraut
Bohne (roh, Bohnengrün)
Brechnuss
Efeu
Eibe
Einbeere
Eisenhut
Faulbaum
Fingerhut
Geiskraut
Goldregen
Hahnenfußgewächse (z. B. Akelei, Butterblume, Buschwindröschen, Christophskraut, Christrose, Hahnenfuß, Waldrebe)
Haselwurz
Herbstzeitlose
Holunderblätter
Hundspetersilie
Iris
Kirschlorbeer
Liguster
Liliengewächse
Lupine
Maiglöckchen
Mauerpfeffer
Milchstern (Vogelmilch)
Nachtschattengewächse (z. B. Auberginenblätter, Bilsenkraut, Bittersüßer und Schwarzer Nachtschatten, Engelstrompete, Kartoffelblätter, Stechapfel, Tabak, Tollkirsche, Tomatenblätter …)
Nieswurz
Oleander
Pestwurz
Rainfarn
Rhododendron
Riesenbärenklau
Rittersporn
Robinienblätter
Salomonssiegel
Schierling
Schöllkraut
Seidelbast
Stechapfel
Sumpfschachtelhalm
Tabak
Tollkirsche
Wasserfenchel
Wolfsmilch
Zaunrübe

Alkaloide

Achten Sie darauf, dass Sie die grünen Pflanzen abwechseln, denn jede Pflanze enthält spezielle (sich von denen in anderen Pflanzen und Blättern unterscheidende) Alkaloide. Dabei handelt es sich um Substanzen, die zu den sekundären Pflanzeninhaltsstoffen gehören und in geringen Mengen nützlich sind, weil sie das Immunsystem anregen und im Stoffwechsel basisch wirken. Daraus leitet sich auch ihr Name ab. Wenn wir sie in großen Mengen zu uns nehmen, können sie jedoch giftig sein. Der Pflanze dienen Alkaloide dazu, sich wirksam vor Fressfeinden zu schützen.

Worauf Sie beim Trinken achten sollten:

> Trinken Sie den grünen Smoothie nicht direkt, sondern lassen Sie ihn sich auf Zimmertemperatur erwärmen.

> Bewegen Sie jeden Schluck wie einen guten Wein genüsslich im Mund hin und her. So nehmen Sie alle Aromen wahr und die Verdauungsenzyme aus dem Speichel können ihre Wirkung voll entfalten.

> Nehmen Sie sich genügend Zeit, denn es handelt sich um eine komplette Rohkostmahlzeit.

> Trinken Sie den grünen Smoothie separat, und essen Sie danach mindestens für 30 Minuten keine gekochten Speisen.

Es bereitet große Freude, sich von dem zu ernähren, was man sonst vom Gemüse abgeschnitten und weggeworfen hat, etwa Möhrengrün. Den vitalstoffreichen Kohl roh zu essen, war früher undenkbar, weil er in dieser Form nur schwer zu kauen und zu

WARUM MIXEN STATT ENTSAFTEN?

Das Pürieren von Früchten und grünen Blättern im Mixer hat viele Vorteile gegenüber dem Entsaften:

> Es findet keine Oxidation statt, weil die Antioxidanzien aus Blattgrün, Schalen und Kernen fein im Smoothie verteilt sind. Der grüne Smoothie schmeckt daher auch noch nach drei Tagen gut.

> Beim Mixen entsteht kein (oder nur sehr wenig) Abfall. Beim Entsaften bleibt der sogenannte »Trester« übrig, aus dem Sie zwar im Dörrapparat leckere Rohkost-Cracker zaubern können, den die meisten Menschen jedoch achtlos wegwerfen.

> Die Aufnahme des Fruchtzuckers wird beim grünen Smoothie durch die Wirkstoffe des Pflanzengrüns verlangsamt. Dadurch kommt es nicht wie beim Saft zu einem schnellen Anstieg und anschließend zu einem abrupten Abfall des Blutzuckerspiegels. Stattdessen werden die Vitalstoffe kontinuierlich nach und nach aufgenommen.

> Während der Saft uns eher eine kurzfristige »Energiespritze« gibt, versorgt uns der grüne Smoothie nachhaltig mit genügend Energie, sodass wir weniger Hochs und Tiefs und – je nach getrunkener Menge – bald gar keine Energielöcher mehr haben. Dies ist einer der Gründe dafür, warum unsere Ausgeglichenheit und unser Wohlbefinden steigen, wenn wir täglich unseren grünen Zaubertrank genießen.

verdauen ist. Und wer hätte es schon für möglich gehalten, dass man einfach im Frühling die Blätter und Nadeln der Bäume pflückt, um sich daraus ein leckeres Frühstück zu mixen? Kaum ein Hobbygärtner kam bislang auf die Idee, Giersch und Brennnesseln – die »Unkräuter«, die ihm in der Regel am meisten zu schaffen machen – einfach aufzuessen. Mit dem grünen Smoothie hat nicht nur die neue Zeit der »radikalen Selbstversorgung« begonnen, sondern auch eine neue Ära schier grenzenlosen Naturgenusses. Entdecken Sie diesen neuen Geschmack.

Weniger ist mehr

Seine größte, unser Leben auf positive Weise bereichernde Wirkung erzielt der grüne Smoothie, wenn wir das Reinheitsgebot beachten und tatsächlich nur Früchte, Pflanzengrün und Wasser verwenden. Nur in dieser einfachen Basiskombination wirkt er wie eine täglich eingenommene natürliche »Arznei«, und Sie erreichen Schritt für Schritt eine positive Veränderung unserer Gesundheit, Vitalität und Lebenseinstellung.

Die Entdeckerin des grünen Smoothies, Victoria Boutenko, und der deutsche Ernährungsexperte Christian Opitz weisen beide darauf hin, dass der grüne Smoothie kein »Allesverwerter« sein sollte. Erin-

---

GU-ERFOLGSTIPP   TAUCHEN SIE EIN IN DEN GRÜNEN OZEAN!

Der grüne Pflanzenanteil verleiht dem grünen Smoothie nicht nur seine Farbe, sondern macht ihn auch zu einer supergesunden Mini-Mahlzeit. Aus diesem Grund sollten Sie täglich frische grüne Blätter in möglichst großer Menge zu sich nehmen! Da unsere Gaumen nicht an den Geschmack der grünen Blätter gewöhnt sind, neigen wir anfangs dazu, eher bekannte Geschmacksnoten zu bevorzugen und uns lieber an das süße Obst zu halten. So kann es passieren, dass Sie den grünen Blattanteil senken und am Schluss ein Mix übrig bleibt, der fast ausschließlich aus Früchten besteht. Das ist nicht der Sinn und Zweck. Achten Sie also darauf, dass Ihr Smoothie immer schön grün ist, weil Sie zur Hälfte chlorophyllreiche Blätter verwenden. Nur dann fördert er Ihre Gesundheit und Fitness optimal.

nern wir uns: Das wichtigste Nahrungsmittel sind die grünen Blätter. Wir benutzen die Früchte nur, damit das Pflanzengrün genießbar wird und wir speziell Wildkräuter in einer Menge zu uns nehmen können, die uns einen gesundheitlichen Quantensprung ermöglicht, der zu neuem Wohlbefinden und gesteigerter Lebensfreude führt. Haben Sie dieses Prinzip »Je mehr Grün, umso besser« erst einmal verinnerlicht, sind Ihrer Fantasie bei der Komposition der grünen Power-Drinks keine Grenzen mehr gesetzt. Sie können grüne »Gourmet-Smoothies« entwickeln, die auf Basis des Grundbausteins »grünes Blattgemüse« auch exotischere Dinge wie beispielsweise Kakaobohnen, Hanfsamen oder Vanilleschoten enthalten. Allerdings haben wir die Erfahrung gemacht, dass sich die stärkende Wirkung der grünen Smoothies eher verringert, wenn wir zu viele andere Nahrungsmittel mit in den Mixer tun. Der Körper wird dann eher belastet als entlastet.

Rote Bete: Mehr Vitalstoff-Power in den Blättern

Mineralien (mg)	Knolle	Blätter	Vitamine	Knolle	Blätter
Kalzium	16,00	117,00	Vitamin C (mg)	4,90	30,00
Eisen	0,80	2,57	Vitamin A (IE)	33,00	6326,00
Magnesium	23,00	70,00	Vitamin E (µg)	0,04	1,50
Kalium	325,00	762,00	Vitamin K (µg)	0,20	400,00
Natrium	78,00	226,00	Thiamin (mg)	0,03	0,10
Selen	0,70	0,90	Riboflavin (mg)	0,04	0,22

Gelegentlich darf's etwas Besonderes sein

Die folgenden Zutaten sollten Sie daher *nur sporadisch* in den grünen Smoothie geben, um entweder eine geschmackliche Abwechslung zu haben oder gezielte Problembereiche anzusprechen (siehe auch unsere Rezepte für die speziellen Wirkungsbereiche des grünen Smoothies ab Seite 82).

> Samen und Nüsse (eingeweicht)
> Trockenobst (eingeweicht)
> Kakaobohnen
> Vanille
> Ingwer
> Salz und Gewürze
> Matcha-Grünteepulver
> Algen
> Sprossen

Bei Nüssen und beim Trockenobst sollten Sie generell aufpassen und nicht zu viel davon essen, weil es sich um hochkonzentrierte Nahrungsmittel handelt, die der Körper (auch im eingeweichten Zustand) nur begrenzt braucht und verwerten kann.

Die Hälfte einer reifen Avocado macht den grünen Smoothie schön »smooth« und besonders sättigend.

Was passt zusammen?

Grünes Blattgemüse lässt sich sehr gut mit praktisch allen Lebensmitteln kombinieren. Vorsicht ist jedoch bei der Kombination von **Fruchtgemüse, Wurzelgemüse** und **Obst** geboten. Hier sollte die individuelle Verträglichkeit genau geprüft werden. Fruchtgemüse wie

> Avocado
> Chili
> Erbse
> Gurke
> Melone
> Okraschote
> Paprika
> Tomate
> Zucchini

sind für den grünen Smoothie bestens geeignet. Es lässt sich auch gut mit Obst kombinieren, sodass der Smoothie dann beispielsweise Spinat, Paprika und Mango enthält.

Nicht kombinieren sollte man stark stärkehaltiges Wurzelgemüse mit saurem Obst, da dies bei manchen Menschen aufgrund von Reaktionsvorgängen der Fruchtsäuren mit komplexen Kohlehydraten zu Verdauungsbeschwerden führt. Dazu gehören beispielsweise Knollensellerie, Möhren und Radieschen.

Bestimmte Wurzelgemüse passen **gar nicht** in den Smoothie:

> Kartoffel
> Pastinake
> Rote Beete
> Rübe
> Schwarzwurzel
> Süßkartoffel
> Topinambur

Ebenfalls nicht in den Mixer wandern sollten Gemüsesorten wie:

> Aubergine
> Hülsenfrüchte (Bohnen, Linsen...)
> Kürbis
> Spargel

Die grünen Blätter der meisten Wurzelgemüse passen wiederum sehr gut in jeden Smoothie, denn sie enthalten neben dem segensreichen Chlorophyll (siehe Seite 105) viel mehr Vitalstoffe als die Knolle. Am Beispiel der Roten Bete wird dies besonders deutlich, wie die Tabelle auf Seite 54 zeigt.

Bestimmte andere Gemüsesorten sind nicht für jeden im Smoothie gut verträglich. Sie sollten diese individuell auf Verträglichkeit testen. Dazu gehören Gemüsesorten wie:

> Artischocke
> Brokkoli
> Fenchel
> Knoblauch
> Kohlrabi
> Lauch
> Staudensellerie
> Zuckermais
> Zwiebel

FRISCHE IST TRUMPF
Wenn Sie die Blätter und das Grün von Kohlrabi, Möhren, Radieschen, Rote Bete, Rettich oder Sellerie abschneiden und ins Wasserglas stellen, bleiben diese länger frisch.

Brauchen wir zusätzliches Fett im grünen Smoothie?

Nein. Es ist nicht notwendig, Fett in Form von konzentrierten Pflanzenölen in den fruchtig-grünen Mix zu geben, damit die fettlöslichen Vitamine besser verstoffwechselt werden. Zum einen gibt es im grünen Smoothie die natürlichen Fette in den Schalen und Kernen, aber auch im grünen Blatt selbst, und zum anderen müssen wir die Fette nicht in einer Mahlzeit mit den fettlöslichen Vitalstoffen wie Vitamin A verzehren, damit diese überhaupt vom Körper aufgenommen werden. In den Zellen, in denen die Vitamine gebraucht werden, sind in der Regel durch den Verzehr von anderen fettreichen Speisen bereits genügend Fettsäuren vorhanden, um eine ausreichende Aufnahme der fettlöslichen Vitamine zu gewährleisten.

In den Mixer kommen nur die Blätter der Roten Bete. Zaubern Sie aus der Knolle einen leckeren Salat.

Tipps zur Herstellung von grünen Smoothies

Wie bereits erwähnt, ist die Herstellung der grünen Smoothies ganz einfach. Dennoch gibt es bestimmte Dinge, auf die Sie besser achten. Nehmen Sie sich Zeit, um Bioläden und Marktstände in Ihrer Nähe aufzusuchen, und sorgen Sie dafür, dass regelmäßig reife Früchte und frisches Blattgemüse im Haus sind. Der grüne Smoothie macht auf Dauer nur dann wirklich Spaß, wenn Sie ihn selber zubereiten. Gehen Sie also auf Entdeckungsreise und lassen Sie sich vom Pflanzengrün zu neuen Genüssen verführen.

Auswahl der Zutaten

Bei den Zutaten sollten Sie auswählen, welche Früchte und grünen Pflanzen Sie mit Ihrem Mixer am besten zerkleinern können. Je leistungsstärker Ihr Mixer, desto mehr Möglichkeiten haben Sie. Achten Sie darauf, dass Ihr Mixinhalt immer schön cremig wird, denn nur dann ist gewährleistet, dass Sie ihn auch noch in Zukunft gerne trinken. Besorgen Sie sich einen Hochleistungsmixer, wenn der grüne Smoothie zu einem festen Bestandteil Ihrer täglichen Ernährung geworden ist und Sie auf keine Zutaten verzichten wollen. Nur ein leistungsstarkes Gerät garantiert, dass auch Stiele, Strünke, Kerne und Schalen fein püriert werden (siehe Seite 44/45). Die Zubereitung von grünen Smoothies macht erst dann richtig Spaß, wenn Sie alles, was Sie draußen in der Natur an Grünzeug sammeln und an Obst ernten oder kaufen, zu Hause auch wirklich fein pürieren können.

Schneiden Sie Ihr Mixgut in Stücke, denn auf diese Weise schonen Sie Ihren Mixer und der Mixvorgang als solcher ist harmonischer und frei von Erschütterungen. Je leistungsschwächer Ihr Mixer, desto kleiner sollten dabei die Stücke sein.

Kaufen Sie regional und saisonal

Der grüne Smoothie ist am wertvollsten, wenn seine Zutaten möglichst frisch und reif sind. Am besten ist es, wenn sie direkt von Wiese, Garten oder Feld im Mixer landen! Das Privileg, sich auf diese Weise einen Smoothie zu mixen, haben aber leider nur sehr wenige Menschen. Die meisten sind auf den Handel angewiesen. Ein kritischer Faktor sind dabei Transportwege und Lagerungszeiten. Der gesunde Menschenverstand sagt uns, dass in größeren Entfernungen angebautes Obst und Gemüse nie frisch in unseren Mixer gelangen kann. Beispielsweise verliert Kopfsalat in den ersten fünf Stunden nach der Ernte die Hälfte seiner Vitamine. Nach zwei Tagen sind bestimmte Vitamine gar nicht mehr nachweisbar. Gleichzeitig verursacht die Transportlogistik enorme Kosten und riesige Umweltschäden. All dem können Sie begegnen, indem Sie auf Produkte aus Ihrer unmittelbaren Umgebung zurückgreifen. Optimale Anlaufstellen sind Biobauern in

AUS DEM EIS

Auch tiefgefrorene Bio-Beeren und tiefgefrorener Grünkohl und Spinat eignen sich – nicht nur im Winter – als Zutat zum grünen Smoothie. Tiefgefrorenes Obst und Gemüse enthält über 90 Prozent der Vitalstoffe im Frischezustand.

der Umgebung, die entweder ab Hof verkaufen oder ihre Produkte an bestimmten Tagen auf den Markt bringen. Selbstverständlich können Sie auch auf Bioprodukte im Supermarkt zurückgreifen, die jedoch möglichst aus regionalen Betrieben stammen sollten. Erzeugnisse aus der eigenen Region sind aus verschiedenen Gründen am besten verträglich. Das beginnt bei den heimischen Mikroorganismen, die die Pflanzen bewohnen und an die unser Körper gewöhnt ist, und endet damit, dass die jahreszeitlich vorkommenden Pflanzen optimal zu unserem Biorhythmus passen, der den gleichen Veränderungen im natürlichen Jahreszyklus unterliegt.

Werden Sie zum Kenner

Lernen Sie die heimische Pflanzenvielfalt im jahreszeitlichen Verlauf kennen. Im Winter gibt es Wintergemüse, das sich hervorragend für den grünen Smoothie eignet: Spinat, verschiedene Kohlsorten (etwa Grün-, Wirsing-, Spitz- und Chinakohl), Möhrengrün sowie die Blätter von Kohlrabi, Sellerie und Roter Bete. In unserem Einleger am Ende des Buchs befindet sich ein Kalender, in dem Sie nachlesen können, welche Grüne-Smoothie-Zutaten Ihnen in welchem Monat zur Verfügung stehen.

Die Vorzüge von Bio

Die EU gibt in ihren Verordnungen zum ökologischen Landbau strenge Kriterien für biologisch hergestellte Lebensmittel vor. Es gibt scharfe Kontrollen durch die gesamte Erzeugungskette bis hin zur Kontrolle der staatlichen Kontrollstellen. Bio-Lebensmittel dürfen derzeit bis zu fünf Prozent Lebensmittel aus nicht biologischem Anbau enthalten und sind an Bio-Gütesiegeln zu erkennen. Das Bekannteste ist das sechseckige weiß-grüne Symbol mit der schwarzen Aufschrift »Bio«. Das Besondere an Bio-Lebensmitteln ist:

> Biologisch angebaute Pflanzen und Früchte sind gesünder. Sie enthalten deutlich mehr Vitamine und sekundäre Pflanzeninhaltsstoffe. Beim Anbau werden keine chemischen Pflanzenschutz- oder Düngemittel verwendet, weshalb keine schädlichen Rückstände in den Pflanzen vorhanden sind. Das ist besonders wichtig angesichts der Tatsache, dass beim konventionellen

BIO WIRD IMMER BELIEBTER
Wussten Sie, dass in Österreich neun von zehn Konsumenten regelmäßig zu Bio-Produkten greifen?

Anbau zum Teil höchst gefährliche Pestizide verwendet werden. In einer von Greenpeace 2008 veröffentlichten unabhängigen Studie wurden von insgesamt 1 134 weltweit verwendeten Pestiziden 327 als extrem gefährlich eingestuft hinsichtlich der Auslösung von Krebserkrankungen, der Schwächung des Immunsystems und der Schädigung der Fortpflanzungsfähigkeit.

> Biologisch angebaute Produkte schmecken besser. Beispielsweise haben Bio-Äpfel ein günstigeres Zucker-Säure-Verhältnis und ein festeres Fruchtfleisch.

> Bio-Erzeugnisse werden nicht radioaktiv bestrahlt.

> Genmanipulierte Produkte dürfen für biologisch hergestellte Lebensmittel nicht verwendet werden.

> Während sich konventioneller Anbau vorwiegend um das ansprechende Äußere der Pflanze kümmert, berücksichtigt der Bio-Anbau die Anreicherung des Bodens, damit die Pflanze die Fülle der Vitalstoffe aus ihm ziehen oder bilden kann.

> Bei den Fruchtfolgen wird häufiger gewechselt, was die Bodenfruchtbarkeit fördert.

> Für ausreichend Stickstoff im Boden sorgen der Anbau von Hülsenfrüchten und organische Düngung mit Mist. Die Böden laugen auf diese Weise bedeutend weniger aus.

> Biologisch bewirtschaftete Flächen fördern eine größere Artenvielfalt in Flora und Fauna und haben eine positive Wirkung auf Nützlinge.

> Ökologischer Landbau verbraucht weniger Energie.

> Durch Verzicht auf chemisch-synthetische Dünge- und Pflanzenschutzmittel wird das Grundwasser rein gehalten.

> Bio-Anbau in Übersee unterliegt den gleichen Qualitätskriterien wie heimischer. Durch die Vermeidung von Monokulturen und die wesentlich kleineren Anbaueinheiten haben die Bauern bedeutend bessere Arbeits- und Lebensbedingungen als im konventionellen Landbau. Bio garantiert faire Preise für gute Arbeit, was den Bauern eine sichere Existenz und für uns den Genuss herrlich schmeckender, exotischer Früchte und Gemüsesorten gewährleistet.

Das Bio-Siegel kennt inzwischen (fast) jedes Kind. Halten Sie beim Einkauf Ausschau nach diesem Qualitätsmerkmal.

In vielen Städten im deutschsprachigen Raum werden inzwischen Wildkräuter-Wanderungen angeboten. Sie sind eine gute Gelegenheit, wild wachsende Pflanzen »vor Ort« kennenzulernen und sich ein erstes Wissen über das anzueignen, was vor der Haustür grünt und blüht. Früher wurde dieses Wissen um die Natur ganz natürlich von Generation zu Generation weitergegeben, heute müssen wir es uns wieder gemeinsam erwandern.

Die Exkursion ins wilde Pflanzenreich wird meist von einer fachkundigen und erfahrenen Person durchgeführt, die oft aus dem Gesundheits- oder Umweltbereich stammt. In der Regel dauern die Erkundungen einen halben Tag und sind für die Teilnehmer ein echtes Erlebnis. Auf einer gut geführten Wildkräuter-Wanderung lernen Sie:

> die vielen genießbaren Pflanzen von den wenigen giftigen zu unterscheiden

> dass auch (junge) Blätter von Laub- und Nadelbäumen essbar sind

> welche Wildkräuter zu welcher Jahreszeit wachsen und in welchem Zeitraum Sie welche Pflanzen am besten pflücken

> an welchen Orten Sie sammeln sollten und an welchen nicht

> welche Pflanzenteile Sie bei unterschiedlichen Wildkräutern am besten ernten

> welche Wildkräuter welche Heilwirkungen haben

> wie Sie geerntete Wildkräuter zu Hause am besten aufbewahren

> wie Sie Wildkräuter kreativ zubereiten, etwa im grünen Smoothie

Vergessen Sie nicht, einen Korb oder Stoffbeutel mitzunehmen, damit Sie Ihre persönliche »Ausbeute« auch sicher nach Hause bringen können. Auch ein verschraubbares Glas eignet sich gut zum Frischhalten von Wildkräutern. Eventuell sind auch wasserfeste Kleidung und Schuhe oder ein Regenschirm vonnöten. Es kommt auf die Jahreszeit an. Wenn Sie erst einmal auf den Geschmack gekommen sind, sollten Sie in jedem Quartal an einer Wildkräuter-Wanderung teilnehmen. Dies ist nicht nur zu empfehlen, weil in jedem Monat anderes Pflanzengrün wächst, sondern weil sich auch die einzelne Pflanze im Laufe des Jahres sehr stark verändern kann. Unserem Folder am Schluss des Buchs können Sie entnehmen, was zu welcher Jahreszeit vor unserer Haustür wächst.

Nachdem Sie sich einen ersten Einblick in die geheimnisvolle wilde Welt des natürlichen Nahrungsangebots verschafft haben, sollten Sie sich den einen oder anderen Wildkräuter-Führer zulegen, um Ihr Wissen zu vertiefen und die Pflanzen, die Sie zukünftig selbst sammeln werden, auch eindeutig bestimmen zu können.

Verwenden Sie voll ausgereiftes Obst

Nur am Stamm gereiftes Obst verfügt über alle Nahrungsenzyme, Vitamine und Spurenelemente, die wir brauchen. Bestimmte Vitamine werden erst innerhalb der letzten Stunden vor der vollständigen Reife gebildet. Auch Fallobst eignet sich hervorragend als Zutat. In den Supermärkten erhalten wir leider sehr häufig künstlich nachgereiftes Obst, wie im Fall der Bananen, die mit giftigen Chemikalien begast werden. Wussten Sie, dass Orangen bis zu zehn Jahre (!) künstlich im unreifen Stadium konserviert werden, bevor sie unnatürlich nachgereift werden und in die Regale kommen?

Ob süß oder sauer – probieren Sie die ganze Vielfalt sonnengereifter Früchte!

Sorgen Sie für Abwechslung

Der Mensch ist ein Gewohnheitstier, und gleichzeitig möchte er immer wieder etwas Neues. Diesem urmenschlichen Widerspruch sollten Sie bei der Zubereitung Ihres grünen Smoothies Rechnung tragen. Die Natur hilft Ihnen dabei durch ihre Vielfalt. Allein bei uns gibt es über 6000 verschiedene Grassorten. Oder denken Sie an Äpfel: Wir kennen aus dem Supermarkt vielleicht sechs unterschiedliche Sorten. Aber es gibt (oder gab) mehrere hundert Sorten von Äpfeln. Durch die Industrialisierung der Obst- und Gemüseproduktion hat der Mensch die Vielfalt extrem eingeschränkt. Zum Glück beginnt eine Rückbesinnung, und alte Obst- und Gemüsesorten gewinnen wieder zunehmend an Bedeutung. Die Natur verteilt ihre Schätze auf viele unterschiedliche Pflanzen und schützt sich gleichzeitig durch bestimmte Abwehrstoffe wie Alkaloide (siehe Seite 51) davor, dass die einzelne Pflanze ausgerottet wird. Für die Herstellung des grünen Smoothies bedeutet das:

> Machen Sie sich mit der großen Vielfalt der Pflanzenwelt vertraut (beispielsweise indem Sie die Zutatenlisten in diesem Buch genau studieren).

> Variieren Sie die Früchte und das Pflanzengrün in Ihrem Smoothie, damit Sie einerseits von den Inhaltsstoffen mög-

lichst vieler Pflanzen profitieren und andererseits nicht zu viele Alkaloide einer einzelnen Pflanze zu sich nehmen.

> Auch wenn es wichtig ist, das Pflanzengrün häufiger zu wechseln, können Sie bedenkenlos mehrere Tage hintereinander dieselbe Pflanze in Ihren Smoothie geben. Erst nach wochen- bis monatelanger einseitiger Ernährung treten Warnsymptome (etwa Übelkeit) auf.

> Gibt es keine frischen Blätter, können Sie auch tiefgefrorenes Biogemüse wie Spinat oder Grünkohl verwenden. Das Gleiche gilt für Obst, etwa für tiefgefrorene Heidelbeeren, Johannisbeeren oder Himbeeren.

> Versuchen Sie nach Möglichkeit, viele verschiedene Mischungen zu finden, die den grünen Smoothie immer wieder zu einem neuen Geschmackserlebnis machen. Unsere zahlreichen Rezepte helfen Ihnen dabei. Ganz wichtig ist, dass der Smoothie dadurch immer etwas Besonderes und Neuartiges für Sie bleibt.

Abwaschen ja oder nein?

DRECK SCHADET NICHT

Kinder, die mit schmutzigen Händen essen dürfen, sind oftmals gesünder, als wenn stark auf Hygiene geachtet wird. Eine sterile Umgebung fördert Neurodermitis und Nahrungsmittelunverträglichkeiten.

Wir waschen nur das grüne Blattgemüse ab, das offensichtlich verschmutzt ist, denn Erde und Sand sind keine leckeren Smoothie-Zutaten. Bei Wildkräutern und Blättern sollten Sie darauf achten, dass der Standort, an dem Sie pflücken, abseits liegt und nicht von Abgasen und Hundeurin verschmutzt wird. Da viele Insekten ihre mikroskopisch kleinen Eier auf die Blätter legen, können ungewaschene, wild wachsende Blätter eine gute Vitamin-B12-Quelle sein. Eine amerikanische Studie unterstreicht diesen Sachverhalt: Ihr zufolge litten die Menschen, die sich von roher Vitalkost ernährten, dann am häufigsten unter einem Mangel an Vitamin B12, wenn sie ihre Nahrung ausnahmslos abwuschen.

Mixen der Zutaten

Füllen Sie den Mixbehälter zuerst in der unteren Hälfte mit Früchten und dann in der oberen mit Pflanzengrün. Gießen Sie so viel Wasser in den gefüllten Behälter, dass der Pegel ungefähr bis zu seiner Mitte ansteigt.

EIN WORT ZUM FUCHSBANDWURM

Soweit in der wissenschaftlichen Literatur zu finden, besteht beim Konsum von bodennah gepflückten Blättern und Früchten keine erhöhte Gefahr, sich mit dem gefährlichen Fuchsbandwurm (Echinococcus multilocularis) zu infizieren. Kniehohe Pflanzen können theoretisch Eier vom Fuchsbandwurm tragen, da in manchen Regionen Deutschlands bis zu 70 Prozent der Füchse mit dem Bandwurm infiziert sind. Es können auch Hunde und Katzen von ihm befallen sein. Bisher ist keine Infektion des Menschen durch den Konsum von Waldfrüchten oder Wildkräutern bekannt geworden. Menschen, die erkrankt sind, waren fast ausschließlich Förster oder Waldarbeiter, wobei man annimmt, dass die Infektion über das Einatmen der winzigen Eier ausgelöst wird. Sehr häufig hielten die Erkrankten infizierte Haustiere. Die Infektion setzt demnach einen sehr intensiven und langen Kontakt mit dem Erreger voraus.

Nach heutigem Stand des Wissens können Wildpflanzen unbedenklich gepflückt und konsumiert werden.

Schneiden Sie die Früchte so klein, dass das Schneidwerk Ihres Mixers sie gut fassen und pürieren kann. Zerkleinern Sie auch den grünen Anteil so, dass der Mixer keine Probleme hat, die Blätter oder Pflanzenteile zu erwischen. Wenn Sie das Pflanzengrün nach unten in den Mixer geben, kann es (bei einem leistungsschwachen Gerät) vorkommen, dass sich die grünen Pflanzenteile um die Messer wickeln und den Motor blockieren.

In der Regel werden alle Zutaten auf einmal gemixt. Dadurch verbrauchen Sie am wenigsten Energie. Es kann allerdings sinnvoll sein, dass Sie bei bestimmten Gemüse- oder Obstsorten (Kohlblätter, Melonenschalen, tiefgefrorene Himbeeren) zunächst die härteren Bestandteile allein mit Wasser pürieren und dann im nächsten Schritt die weicheren dazugeben. Ansonsten besteht die Gefahr, dass der Smoothie nicht so richtig sämig wird. Halten Sie die Mixzeiten möglichst kurz, damit sich das Mixgut nicht allzu stark erwärmt. Denken Sie daran: Wenn Sie ein natürliches Lebensmittel über Körpertemperatur erhitzen, verändert sich seine chemische Struktur. Die enthaltenen Vitalstoffe werden geschädigt und kommen dem Körper nicht mehr zugute.

KÜHL HALTEN
Bei einer längeren Laufzeit des Mixers können Sie den Inhalt kühlen, indem Sie Eiswürfel hinzugeben.

Eine grüne Augenweide – vergessen Sie nicht, auch die Dekoration zu verzehren.

Wie lange mixen?

Die Zeit, die der Mixer benötigt, bis der Smoothie schön cremig ist, hängt von seiner Leistungsstärke ab. Ein Hochleistungsgerät braucht nur 30 bis 45 Sekunden. Je schwächer aber der Motor, umso länger müssen Sie ihn laufen lassen. Achten Sie darauf, dass sich der Inhalt des Mixbehälters nicht zu stark erwärmt, denn bei über 42 °C werden viele Vitalstoffe zerstört.

Schön servieren – das Auge isst mit

Dekorieren Sie Ihren Zaubertrank – besonders wenn Sie ihn Menschen anbieten, die noch nie einen grünen Smoothie getrunken haben. Früchte und Gemüse wie Erdbeeren und Tomaten, deren Farben mit dem Grün kontrastieren, sind dabei eine spezielle Augenweide. Algen und Sprossen sind auch gut geeignet, besonders wenn es sich um eine grüne Suppe handelt, die Sie mit dem Löffel essen, statt sie aus dem Glas zu trinken. Oft können Sie die Zutaten auch gleich zur Dekoration nehmen, indem Sie diese dekorativ zuschneiden. Verwenden Sie nach Möglichkeit immer ein Glas als

Trinkbehälter, denn das Auge trinkt mit. Mit Babyspinat erhält der Smoothie eine leuchtend grüne Farbe, die auf Einsteiger und Kinder besonders anziehend wirkt.

Hiermit können Sie Ihren grünen Smoothie z. B. dekorieren:

> **Früchte:** Erdbeeren, Heidelbeeren, Physalis (Kapstachelbeere), Zitronen-, Orangenscheibe, aufgeschnittene Tomaten
> **Sonstiges:** Algen, Sprossen, Petersilie und andere Kräuter, dekorative Blätter von Bäumen, Vanilleschote

Gerührt oder geschüttelt

Servieren Sie Ihren grünen Smoothie immer gut gerührt oder auch geschüttelt, damit sich im Glas kein Schaum bildet. Achten Sie darauf, dass der Smoothie nicht zu lange im Glas steht und sich unterschiedliche Schichten absetzen.

Trinken Sie den grünen Smoothie niemals stark gekühlt, sondern lassen Sie ihm genügend Zeit, um sich wieder zu erwärmen. Am bekömmlichsten sind Getränke, die Körpertemperatur haben, weil unsere Verdauung dann keine Energie aufwenden muss, um die Flüssigkeit auf »Betriebstemperatur« zu erwärmen. Außerdem entfaltet sich das Aroma besser.

Wie lange hält sich der grüne Smoothie?

Am besten bewahren Sie Ihren grünen Vitalstoffmix in einer verschließbaren Glasflasche oder einer Thermoskanne auf. Wenn Sie sich morgens Ihren Tagesbedarf gemixt haben, können Sie den Mixinhalt (bei normaler Zimmertemperatur) ungekühlt bis zum Abend stehen lassen. Erst wenn Sie einen Rest noch am nächsten Tag trinken möchten, sollten Sie den grünen Smoothie über Nacht in den Kühlschrank stellen. Da der pürierte Mixinhalt kaum oxidiert (siehe Seite 11), eignet er sich sehr gut zur Aufbewahrung.

Noch länger haltbar durch Einfrieren

Sie können Ihren Smoothie auch bei Bedarf einfrieren, wenngleich es dadurch natürlich zu einem geringfügigen Vitalstoffverlust kommt. Da der grüne Power-Drink jedoch ein Füllhorn lebenswichtiger Stoffe ist, bleibt nach dem Auftauen immer noch eine

REIFEN LASSEN

Am zweiten Tag schmeckt der grüne Smoothie besonders rund, da sich das Aroma der sekundären Pflanzenstoffe voll entfaltet hat.

ausreichende Menge für Ihre Gesundheit, Ihre Fitness und Ihr Wohlbefinden übrig.

Die Zutaten des grünen Smoothies lassen sich ebenfalls einfrieren. Dies ist besonders sinnvoll bei den Wildkräutern, die wir im Winterhalbjahr nicht mehr frisch in der Natur ernten können. Achten Sie darauf, dass Sie das Pflanzengrün im gefrorenen Zustand in den Mixer geben, um die Vitalstoffe weitgehend zu erhalten.

Alle Beerensorten lassen sich auch gut im tiefgefrorenen Zustand das ganze Jahr über verwenden.

Um Ihre Zutaten im Kühlschrank länger haltbar zu machen, können Sie diese in feuchte Tücher einwickeln. Dies gilt besonders für Wildkräuter. Falls Sie sich schon lange einen neuen Kühlschrank zulegen wollten, ist jetzt vielleicht die Zeit, sich ein Gerät mit einem speziellen Frischhaltefach anzuschaffen.

Selbst das Spülen macht Spaß

Lassen Sie den pürierten Smoothie nicht im Mixbehälter stehen, sondern füllen Sie ihn in eine Flasche. Sonst bilden sich im Lauf

---

DAS QUELLWASSER AUS DEM WASSERHAHN

Leitungswasser kann in Deutschland zwar ohne Bedenken getrunken werden, weil es gesetzlich festgelegte, analytisch kontrollierbare Anforderungen erfüllt. Es kommt auf seinem langen Weg bis zum heimischen Wasserhahn allerdings mit vielen Materialien in Kontakt, unter Umständen sogar mit alten Blei- oder Kupferrohren. So ist Trinkwasser beim Transport vom Wasserwerk zum Verbraucher in jedem Fall einem Alterungsprozess unterworfen, der zu chemischen, physikalischen und mikrobiellen Veränderungen führen kann. Solche Veränderungen sind vom Verbraucher nicht unbedingt zu erkennen. Abhilfe schafft eine leistungsfähige und unkomplizierte Wasserfiltration mit einem Aktivkohlefilter oder mit einer Umkehrosmose-Anlage, die direkt an der Entnahmestelle installiert wird. So kann Wasser von ungesunden Schwermetallen, Medikamentenrückständen, Pestiziden, Durchfallbakterien und anderen unerwünschten Zusatzstoffen gereinigt werden. Dank moderner Filtertechnik erhält man eine unkomplizierte, gesunde und auch preiswerte Alternative zu Mineralwasser und hilft dem Körper, seine Vitalität und sein natürliches Gleichgewicht zu wahren.

Auch als Kaltschale ist der grüne Smoothie ein Genuss.

der Zeit an seinen Wänden Beläge, die nur schwer zu entfernen sind. Reinigen Sie den Mixbehälter sofort nach dem Gebrauch, indem Sie ihn halb mit warmem Wasser füllen, einen Spritzer Spülmittel zugeben und das Gerät anschalten. Sie werden staunen: Selbst der Schaum des Abwaschwassers war noch nie so »smooth«!

Wasser ist nicht gleich Wasser

Beim Wasser sollten Sie ebenfalls auf natürliche Qualität und hervorragenden Geschmack achten. Am besten benutzen Sie einfaches Leitungswasser und lassen es durch einen Filter laufen, der es von Schadstoffen reinigt (siehe Kasten links). Ein solcher Filter ist nicht teuer und lässt sich leicht auf oder unter der Spüle montieren.

Trinken oder löffeln?

Wenn Sie zum passionierten Grüne-Smoothie-Trinker geworden sind – was sehr schnell gehen kann – und viele Erfahrungen gesammelt haben, können Sie frei experimentieren und immer neu entdecken, welche Kombinationen Ihnen besonders gut schmecken. Wir selbst verzichten oft ganz auf süße Früchte und komponieren unseren grünen Smoothie ausschließlich aus Zitronen und Wildkräutern. Es macht auch Spaß, den grünen Smoothie in unterschiedlichen »Flüssigkeitsstufen« zu genießen. Je nach zugegebener Wassermenge erhalten Sie entweder ein Getränk oder eine kalte Suppe oder sogar einen Pudding.

Lassen Sie Ihren grünen Smoothie ziehen

Wenn Sie Ihren grünen Smoothie frisch gemixt trinken, schenkt er Ihnen am meisten Energie, besonders wenn Sie die Zutaten gerade erst im Garten oder in der freien Natur gepflückt haben. Dies hängt mit den sogenannten »Biophotonen« zusammen, die bei einer Lagerung – zusammen mit dem Feuchtigkeitsgehalt – aus Früchten und Pflanzengrün entweichen.

Allerdings schmecken viele Smoothies besser, wenn sie ein paar Stunden gezogen haben. Wir kennen diesen Effekt vom Eintopf, der oft besser schmeckt, wenn er für eine Weile gestanden hat. Erst dann entwickelt sich das volle Aroma.

Wenn sich Schaum bildet

Bei Pflanzen, die sogenannte Saponine (Seifenstoffe) enthalten, kann es beim Mixvorgang zur Bildung von Schaum kommen. Saponine sind für den Menschen in der Regel sehr gesund. Manche

---

WAS SIND BIOPHOTONEN?

Die Biophotonen wurden 1975 von dem Physiker Fritz-Albert Popp entdeckt. Sie werden durch Elektronen erzeugt, die vom Sonnenlicht angeregt werden. Wenn die Elektronen von ihrem höheren Energieniveau abfallen, strahlen sie Licht ab. Versuche mit lebenden und toten Zellen ergaben, dass bei lebenden Systemen die Lichtstrahlung langsamer abklingt. Bei einem Blatt beispielsweise, das vor längerer Zeit gepflückt wurde, fällt die Abstrahlkurve schneller als bei einem frisch gepflückten Blatt.

Sonnenlicht ist eine elementare Nahrungsquelle der Pflanzen. Aus ihm beziehen auch wir Menschen auf zellulärer Ebene Energie und ordnende Signale. Frische, natürliche Nahrungsmittel sind demnach nichts anderes als Lichtinformation. Es sind diese Lichtinformationen, die über den grünen Smoothie verstärkt in unser Körpersystem gelangen und seine Funktionen harmonisieren. Victoria Boutenko hat deshalb den grünen Smoothie als »flüssiges Sonnenlicht« bezeichnet.

Pflanzen wie Zitronen und Avocados verringern die Schaumbildung. Wenn Sie einen Hochleistungsmixer haben, können Sie den halben Avocadokern ebenfalls pürieren. Halbieren Sie die Avocado und den Kern, indem Sie die ganze Frucht der Länge nach mit einem scharfen Messer durchschneiden. Ein oder zwei Eiswürfel bewirken ebenfalls, dass sich weniger Schaum bildet.

Bitte einweichen

Vergessen Sie nicht, Samen, Nüsse und Trockenobst vor dem Gebrauch einzuweichen. Nur wenn Sie Nüsse direkt aus der Schale verwenden, ist Einweichen nicht notwendig. Ansonsten bilden sich durch den Vorgang des Trocknens sogenannte »Enzymhemmer«, die die Verdauung erschweren. Die Enzymhemmer sorgen in der Natur dafür, dass Samen und Nüsse von den Tieren nicht verdaut, sondern im noch keimfähigen Zustand wieder ausgeschieden werden, damit sich die Pflanze vermehrt.

Tipp: Das Einweichwasser sollte nicht im Ausguss, sondern ebenfalls im grünen Smoothie landen, weil es viele gelöste Vitalstoffe enthält.

Wenn der Smoothie süßer sein soll

Optimal ist es, wenn für Sie die natürliche Süße der Früchte ausreicht, um Ihrem grünen Smoothie einen leckeren Geschmack zu verleihen. Sollten Sie jedoch einmal keine süßen Früchte zur Hand haben, können Sie Ihren Power-Drink auch »nachsüßen«. Geeignete Zutaten sind Trockenobst (am besten Datteln oder Rosinen), Honig oder roher Agavendicksaft (Achtung: Der normale Agavendicksaft aus dem Bioladen hat keine Rohkost-Qualität, weil er während der Herstellung erhitzt wurde). Ein natürliches Süßungsmittel sind auch die sehr süßen Blätter und das Pulver der Steviapflanze, die vor einiger Zeit ihren Siegeszug als Süßungsmittel antrat.

Schwebende Schichten

Wenn der pürierte grüne Smoothie länger steht, kann es vorkommen, dass die Schwebstoffe im Glas oder Behälter nach oben steigen. Durch Aufschütteln oder Umrühren wird Ihr grüner Smoothie wieder homogen und schmackhaft.

GU-ERFOLGSTIPP:

WARMER SMOOTHIE IM WINTER

Im Winter kann es sehr angenehm sein, den grünen Smoothie mit leicht angewärmtem Wasser zuzubereiten.

GRÜNE-SMOOTHIES-REZEPTE FÜR JEDE GELEGENHEIT

In diesem Kapitel finden Sie Anregungen für grüne Smoothies – von Einsteigermixturen bis zu Gourmetkreationen sowie Rezepte, die Sie gezielt für Ihr Wohlbefinden und Ihre Gesundheit einsetzen können.

Basis-Rezepte für alle

Nur kurz zur Erinnerung: In den Mixer kommen nur Früchte und Pflanzengrün aus dem Bioladen oder vom regionalen Erzeuger Ihres Vertrauens. Die Wildkräuter sollten von unbelasteten Böden und aus einer sauberen Umwelt stammen. Benutzen Sie wilde Pflanzen gerade am Anfang sparsam, und steigern Sie dann langsam die zugefügte Menge.

Die folgenden Rezepte sind Beispiele für schmackhafte Zutaten im richtigen Mischungsverhältnis. Da die Zubereitung immer gleich ist, beschreiben wir sie nur beim ersten Rezept detailliert. Nutzen Sie im Jahresverlauf das saisonale Angebot aus Ihrer Region, und trauen Sie sich, kreativ zu sein.

Süße grüne Smoothies

Süßer Einstieg Nr. 1
Für ca. 1,5 l: 1 reife Banane | 2 süße Äpfel | 2 Handvoll Babyspinat | 4 Kohlrabiblätter | Grün von 1 Möhre | ½ l Wasser

1 Banane schälen und in vier Stücke zerteilen.
2 Von den Äpfeln jeweils Blüte und Stiel entfernen. Kerne und Kerngehäuse werden mitverwendet. Äpfel halbieren, vierteln und dann noch einmal quer durchschneiden.
3 Babyspinat direkt aus der Tüte nehmen.
4 Kohlrabiblätter von der Knolle abschneiden und in kleine Stücke zerteilen.
5 Das Möhrengrün von der Wurzel entfernen und ebenfalls zerkleinern.
6 Früchte und Pflanzengrün in den Mixbehälter geben und mit Wasser auffüllen.
7 **Mixen:** Zunächst auf niedriger Stufe beginnen. Wenn der Mixer den Inhalt erfasst hat, Früchte und Pflanzengrün auf höchster Stufe pürieren. Die Pürierzeit hängt von der Drehzahl Ihres Mixers ab. Pürieren Sie so lange, bis der Mixinhalt so fein ist, wie es Ihr Gerät schafft. Achten Sie darauf, dass sich der Smoothie nicht durch zu langes Mixen zu stark erwärmt.
Tipp: Die Wassermenge ist variabel und hängt davon ab, wie flüssig Sie Ihren Smoothie am liebsten trinken (siehe Seite 69). Eine grobe Orientierung ist es, den Mixerinhalt bis zur Hälfte mit Wasser zu füllen. Wenn Sie eine grüne Kaltschale oder einen grünen Pudding herstellen wollen, brauchen Sie nur wenig oder gar kein Wasser hinzuzufügen. Arbeiten Sie in diesem Fall mit einem Stopfer.

Für den »süßen Einstieg Nr. 1« zerkleinern Sie erst die Zutaten *(oben)*, geben diese in den Mixer *(unten)*, und dann servieren und genießen Sie *(links)*.

Süßer Einstieg Nr. 5 – Mangos kombiniert mit Giersch verleihen dem Smoothie eine schöne gelbgrüne Farbe.

Süßer Einstieg Nr. 2

Für ca. 1,5 l: 1 reife Banane | 2 Birnen | ½ Kopfsalat | 4 Blatt Mangold (ohne weißen oder roten Stiel) | 2 Stängel Petersilie | Saft einer ½ Zitrone | ½ l Wasser

Süßer Einstieg Nr. 3

Für ca. 1 l: 2 große Orangen (geschält) | 4 Blatt Grünkohl | Grün von 1 Bund Radieschen | 1,5 cm Ingwer (ungeschält) | ¼ l Wasser

Süßer Einstieg Nr. 4

Für ca. 1 l: ½ Ananas | 1 Banane | 2 EL Kokosmus roh (Glas) | 2 Handvoll Feldsalat | ½ Salatgurke | ¼ l Wasser

Süßer Einstieg Nr. 5

Für ca. 1 l: 2 Mangos (ohne Kern) | ½ Eichblattsalat | 1 Handvoll Giersch | 4 Blatt Basilikum | ½ l Wasser

Süßer Einstieg Nr. 6

Für ca. 1 l: 1 Banane | 125 g Erdbeeren | 125 g Postelein | 4 Brennnesselblätter | 4 Datteln (ohne Kern) | ½ l Wasser

Süßer Einstieg Nr. 7

Für ca. 1,5 l: 1 Mango (ohne Kern) | 2 Nektarinen (ohne Kern) | 15 Kirschen (entsteint) | 200 g Feldsalat | ½ Bund Petersilie | ¼ Zitrone (geschält) | ½ l Wasser

Herzhafte grüne Smoothies

Herzhafter Einstieg Nr. 1
Für ca. 1 l: ½ Avocado | 1 Zitrone (geschält) | 1 Handvoll Baby-
spinat | 4 Stangen Staudensellerie | ½ l Wasser

Herzhafter Einstieg Nr. 2
Für ca. 1,5 l: 1 Banane | 2 Äpfel | ½ Kopf Römersalat | 1 Hand-
voll junge Obstbaumblätter (Apfel, Birne, Kirsche) | 1 EL Lein-
samen (eingeweicht) | ½ Zitrone (geschält) | ½ l Wasser

Herzhafter Einstieg Nr. 3
Für ca. 1 l: 2 Birnen | 1 Grapefruit (geschält) | 125 g Feldsalat |
6 Blatt Breitwegerich | ¼ l Wasser

Herzhafter Einstieg Nr. 4
Für ca. 1,5 l: 4 Kiwis (mit Schale) | 2 Äpfel | 1 Handvoll Baby-
spinat | 4 grüne Blätter vom Wirsingkohl | 4 Blatt Salbei |
1,5 cm Ingwer (ungeschält) | ½ l Wasser

Herzhafter Einstieg Nr. 5
Für ca. 1,5 l: ½ Avocado | 4 Tomaten | ½ Kopf Frisée-Salat |
4 Rote-Bete-Blätter | 6 Blatt Rosmarin | 1 Lorbeerblatt | 6 Oliven
(ohne Kern) | ½ l Wasser

Herzhafter Einstieg Nr. 3
und Nr. 5 (links) – rote Zutaten, in diesem Fall Tomaten,
ergeben eine grünbraune
Farbvariante.

Herzhafter Einstieg Nr. 6

Für ca. 1 l: 1 Banane | 2 Orangen (geschält) | 60 g Rucola | 4 Blatt Mangold (ohne weiße Stiele) | 1 Handvoll Gänseblümchen | 8 junge Lindenblätter | ¼ l Wasser

Grüne Smoothies für Kinder

Kinder mögen den grünen Smoothie besonders gern, wenn er schön süß ist (Tipps dazu auf Seite 71 »Wenn der Smoothie süßer sein soll«). Manche sind anfangs von der grünen Farbe irritiert, aber nach dem ersten Schluck sind sie überrascht, wie lecker der grüne Zaubertrank schmeckt.

Vielen Kinder macht es Spaß, beim Sammeln der grünen Pflanzen und Blätter mitzuhelfen und zu Hause selbst den Mixer zu füllen und anzuwerfen. Da die Herstellung der grünen Smoothies sehr einfach ist, können auch die Kleinen – unter Aufsicht – lernen, ihren eigenen Drink zuzubereiten. So stärken Eltern schon früh das Gefühl für eine gesunde, vitalstoffreiche Ernährung.

Grüner Kinderspaß Nr. 1 – wenn der Teller so schön einladend lacht ...

Grüner Kinderspaß Nr. 1
Für ca. ¾ l grüne Suppe: 1 Banane | 1 Apfel | 125 g Babyspinat | 2 EL Agavendicksaft, roh | ¼ l Wasser

Grüner Kinderspaß Nr. 2
Für ca. 1 l: 2 Orangen (geschält) | 2 Handvoll Giersch | 4 Löwenzahnblüten | 1 Handvoll Sultaninen | ¼ l Wasser

Grüner Kinderspaß Nr. 3
Für ca. 1 l: 2 Mangos (ohne Kern) | 2 EL Kokosmus roh (Glas) | 6 getrocknete Aprikosen (eingeweicht) | 4 Kohlrabiblätter | 4 Stängel Petersilie | ¼ l Wasser

Grüner Kinderspaß Nr. 4
Für ca. 1 l: ½ Ananas | 1 Pfirsich (ohne Kern) | ½ Römersalat | 4 Blatt Pfefferminze | 2 EL Agavendicksaft, roh | ¼ l Wasser

Rezepte für grüne Vitalstoff-Power-Suppen
Der grüne Smoothie eignet sich auch fantastisch als kalte rohköstliche Suppe. Sie geben zur Herstellung weniger Wasser in den Mixbehälter und benutzen den Stopfer, um den Mixinhalt nach unten auf die Schneidemesser zu drücken. Diese Kaltschalen können Sie dann hübsch dekoriert genießen.

Grüne Suppen-Power Nr. 1
Für ca. 1 l grüne Suppe: ½ Avocado | 1 Zitrone (geschält) | 1 Bund Staudensellerie | ½ Handvoll Spirulina-Algen | ½ l Wasser
Dekoration: gestreute Algen, hauchdünne Scheiben vom Staudensellerie, Blüte einer Wildkräuterblume der Saison

Grüne Suppen-Power Nr. 2
Für ca. ¾ l grüne Suppe: 4 reife Tomaten | 8 schwarze Oliven, roh (ohne Kerne) | 1 Handvoll Babyspinat | 6 Brennnesselblätter | 4 Haselnussblätter | ¼ l Wasser
Dekoration: dünne schwarze Olivenringe, Haselnussblatt mit halbierten Kirschtomaten

SÜSS UND GRÜN
Verzichten Sie für Ihre Kleinen anfangs auf Erdbeeren, Himbeeren und Blaubeeren, weil diese Beeren den Smoothie braun machen. Achten Sie darauf, dass der grüne Smoothie beim ersten Mal leuchtend grün ist. Babyspinat macht die beste Farbe!

Grüne Suppen-Power Nr. 3 – grüne Suppen sind leckere Kaltschalen mit hundert Prozent Vitalstoff-Power.

Grüne Suppen-Power Nr. 3

Für ca. ¾ l grüne Suppe: 2 frische Feigen | 2 gelbe Paprika | 1 kleine Zucchini | ¼ Chilischote | 100 g Feldsalat | 4 Stängel Dill | 1 Prise Himalaya-Salz | ¼ l Wasser
Dekoration: fein gehackter Dill, dünne gelbe Paprikastreifen, rotes Paprikapulver

Grüne Suppen-Power Nr. 4

Für ca. 1 l: ½ Avocado | 3 Tomaten | 1 rote Paprika | 3 Stängel Basilikum | 1 Stange Staudensellerie | Grün einer Frühlingszwiebel | ½ Bund Schnittknoblauch | 1 Prise Himalaya-Salz | 1 Prise Cayennepfeffer | ½ l Wasser

Rezepte für grünen Pudding-Genuss

Süßer Pudding lässt sich auch sehr gut nach dem Grüne-Smoothie-Prinzip herstellen. Der Fruchtanteil ist dementsprechend höher und der Wassergehalt noch geringer als bei den grünen Suppen. Zum Eindicken von einem Liter Smoothie können Sie auch etwa 1 bis 2 Teelöffel Chiasamen (eingeweicht), 4 bis 6 Datteln oder 2 bis 3 Esslöffel Kokosmus als zusätzliche Mix-Zutaten nehmen.

Grüner Pudding-Genuss Nr. 1

1 Banane | 2 Äpfel | 4 Datteln | ½ Kopf Römersalat | 1 Schuss Zitronensaft
Dekoration: Zitronenscheibe und klein gehackte rohe Cashewnüsse

Grüner Pudding-Genuss Nr. 2

½ Ananas | ½ Avocado | 125 g Feldsalat
Dekoration: halbierte Erdbeeren und 1 Feldsalatpflänzchen

Grüner Pudding-Genuss Nr. 3

2 Orangen (geschält) | 3 EL Kokosmus roh (Glas) | 2 TL Chiasamen (vorgeweicht) | 1 Handvoll Babyspinat | 4 Blatt Mangold (ohne weißen Stiel)
Dekoration: Orangenscheibe und Kokosraspeln

TIPP

Ein grüner Rohkostpudding eignet sich nicht als Nachtisch zu einem gekochten Gericht, sondern sollte als Snack zwischendurch oder als Dessert nach einer Rohkostmahlzeit genossen werden.

Grüner Pudding-Genuss Nr. 3 – ein ungewöhnliches Dessert nach einer Rohkostmahlzeit.

Die grüne Power
gezielt einsetzen

Wenn Sie täglich mindestens einen Liter grünen Smoothie trinken, machen Sie eine sanfte, kontinuierlich auf den Körper einwirkende Zellenaufbaukur, die Ihnen zu einem neuen Lebensgefühl verhelfen kann. Allein zu wissen, dass Sie sich jeden Tag mit den lebenswichtigen Vitalstoffen versorgen, kann dazu führen, dass sich Ihr ganzes System entspannt und Sie nicht länger unterschwellig Angst vor Leistungsabfall oder körperlich-geistigen Beschwerden haben.

Das Immunsystem profitiert

Voraussetzung für eine stabile Gesundheit ist ein starkes Immunsystem. Heute wissen wir, dass das Auftreten von sogenanntem zellulärem Stress über Stärke oder Schwäche des Immunsystems entscheidet. Chronischer, schädlicher Stress findet bei uns Menschen nicht nur seelisch, sondern auch körperlich in jeder Zelle statt. Dieser zelluläre Stress gilt als Ursache für fast alle Erkrankungen, den Alterungsprozess und letztlich den Tod. Biochemisch betrachtet, entstehen dabei im Stoffwechsel laufend freie Sauerstoff-Radikale (oxidativer Stress) und Stickstoffmonoxyd-Radikale (nitrosativer Stress). Beide verursachen komplexe Reaktionen in unserem Körper, die ihm zum Teil dauerhaft schaden. Ein Beispiel ist die vorzeitige Hautalterung durch UV-Strahlung. Damit ein Mensch lange gesund und vital bleibt, muss der zelluläre Stress möglichst gering sein. Erfreulicherweise können wir den zellulären Stress selbst relativ gut beeinflussen, denn er hängt im Wesentlichen von unserem Lebensstil ab. So wird zellulärer Stress etwa durch starke körperliche Anstrengungen oder seelische Belastungen vergrößert und durch ausreichend Erholung und tiefen Schlaf verringert. Nicht umsonst werden bei vielen Erkrankungen Bettruhe und Schlaf als wichtigste Maßnahmen zur Unterstützung des Immunsystems verordnet.

Besonders bedeutsam für die Bekämpfung von zellulärem Stress ist unsere Ernährung. Zum einen erzeugt Nahrungsaufnahme an sich zellulären Stress. Je mehr wir essen und je ungesünder, umso mehr freie Radikale entstehen. Besonders viele freie Radikale werden beispielsweise durch den Genuss von Gebratenem, raffiniertem Zucker und gesättigten Ölen sowie Auszugsmehlen, Nahrungsmittelzusätzen und Alkohol erzeugt. Wissenschaftler empfehlen, möglichst lange Pausen zwischen den einzelnen Mahlzeiten einzulegen (siehe auch Kasten auf Seite 84), damit sich zwischendurch der Stoffwechsel beruhigen kann und keine freien Radikale gebildet werden. Aus dem gleichen Grund werden auch Fastenzeiten empfohlen, etwa für einen Tag in der Woche oder in Form von zwei bis drei mehrtägigen Fastenkuren während des Jahres (siehe auch »Entschlacken – Fasten – Abnehmen« ab Seite 92).

ABWEHRKRÄFTE FÖRDERN

Yoga, Kneippen, aerobes Kreislauftraining, ausreichend Schlaf, Musik von Mozart und aufbauende Literatur sind nur einige Möglichkeiten, mit denen Sie Ihr Immunsystem stärken können.

Zum anderen können Nahrungsmittel aber auch bereits entstandene freie Radikale neutralisieren und teilweise die durch sie verursachten Schäden wieder reparieren. Entscheidend ist dabei natürlich das, was wir essen. Grüne Blätter und Früchte, insbesondere in ihrer Zubereitung als grüne Smoothies, sind die absolute Nummer eins im Neutralisieren von freien Radikalen und in der Reparatur von Schäden! Der Erfolg im Kampf gegen die freien Radikale ist abhängig davon, wie viele »Gegenmittel« mit der Nahrung aufgenommen werden. Da Sie mithilfe des grünen Smoothies in kurzer Zeit und sehr regelmäßig große Mengen von Radikalenfängern zu sich nehmen können, ist er ein konkurrenzloser Garant für stabile Gesundheit und Vitalität bis ins hohe Alter.

Mit jedem Schluck aus dem grünen Füllhorn nehmen Sie in hoher Konzentration äußerst wirksame Radikalenfänger wie die Vitamine C und E, Bioflavonoide, Folsäure, Magnesium, Zink, Mangan, Kupfer, Cystein, Omega-3-Fettsäuren, essenzielle Aminosäuren und Nahrungsenzyme zu sich. Denken Sie daran, die Zutaten Ihres grünen Smoothies möglichst oft zu wechseln, um auf diese

GESUNDER HUNGER

Der Begriff »gesunder Hunger« stammt von Christian Opitz, dem Autor des Buchs »Befreite Ernährung«. Der gesunde Hunger ist eine wichtige Grundlage eines gesunden Lebensstils. Nur wenn unser Körper wirklich hungrig ist, ist er tatsächlich darauf eingestellt, Nahrung aufzunehmen. Es ist daher für eine optimale Nahrungsaufnahme entscheidend, dass wir hungrig werden, bevor wir essen. Aus diesem Grund ist der grüne Smoothie das ideale Frühstück, weil wir am Morgen aufwachen, nachdem wir die ganze Nacht über gefastet haben. Apropos »fasten«: Jede Nahrungsaufnahme setzt den Körper unter Stress, und er muss viel Energie aufwenden, um das Gegessene entweder aufzunehmen, zu speichern oder auszuscheiden. Fasten ist eigentlich unser Normalzustand, den wir so wenig und so kurz wie möglich unterbrechen sollten. Inzwischen ist wissenschaftlich erwiesen, dass Menschen länger leben, wenn sie weniger Kalorien zu sich nehmen, als wir es in unserer Überflussgesellschaft gemeinhin tun. Essen Sie also nur, wenn Sie wirklich hungrig sind, und trinken Sie besonders Ihren grünen Smoothie möglichst oft im Zustand des gesunden Hungers.

Weise in den Genuss möglichst vieler verschiedener Radikalenfänger zu kommen.

Trinken Sie täglich zu Ihrer normalen Ernährung einen halben bis einen Liter grünen Smoothie über den Tag verteilt. Auf diese Weise trinken Sie Gesundheit und Wohlbefinden pur. Nach einiger Zeit werden Sie beobachten, dass sich Ihr Essverhalten verändert: Tendenziell nehmen Sie gesündere Nahrung zu sich und lassen schädlichere Dinge weg. Beispielsweise sinkt das Verlangen nach raffinierten Zuckern, Fast Food, Kaffee und Alkohol. Ihre Intuition für das, was Ihnen gut tut, wird feiner, und so finden Sie ganz allein immer mehr zu einer Lebensweise, die Ihre Gesundheit fördert – und Ihre Abwehrkräfte stärkt.

Obgleich der grüne Smoothie ein wahrer »Allrounder« ist und Ihnen durch die Fülle seiner Vitalstoffe auf lange Sicht gesehen die beste gesundheitliche Grundlage bietet, können Sie ihn auch gezielt einsetzen, um Ihr Wohlbefinden in bestimmten Bereichen zu erhöhen. Im Folgenden zählen wir ein paar Anwendungsmöglichkeiten auf und geben Ihnen Anregungen, wie Sie aktiv etwas in diesen Bereichen tun können.

Besser schlafen

Schlafstörungen gehören zu den Beschwerden, die Patienten in der ärztlichen Praxis am häufigsten beklagen. Informationsflut, Stress und Überforderung sind die Hauptfeinde des gesunden Schlafs. Dazu kommen Aufputschmittel wie Kaffee oder Energydrinks, aber auch Alkohol und kalorienreiche Mahlzeiten am Abend. Der grüne Smoothie wirkt aufgrund seiner Fülle an Vitalstoffen stark reinigend und ausgleichend auf den gesamten Körper. Das betrifft auch den Schlaf. Wenn Sie den grünen Smoothie in Ihren täglichen Speiseplan aufnehmen, werden Sie nach einiger Zeit feststellen, dass Sie leichter einschlafen und Ihr Schlaf tiefer ist. Es kann gut sein, dass Ihr Schlaf insgesamt kürzer wird, Sie aber dennoch erholter aufwachen. Nach sechs bis sieben Stunden Durchschlafen stehen Sie voller Tatendrang auf.

Um eine entspannte Nachtruhe zu fördern, können Sie Ihrem Smoothie auch gezielt schlaffördernde Pflanzen beimengen. Die

GU-ERFOLGSTIPP
ERKÄLTUNG
VORBEUGEN

Mixen Sie in der kalten Jahreszeit Ingwer, Chili, Koriander, Kardamom, Nelken oder Zimt in Ihre grünen Smoothies.

PFLANZLICHE EINSCHLAFHILFEN
Wenn Sie Schwierigkeiten mit dem Einschlafen haben, können Ihnen folgende Pflanzen im grünen Smoothie helfen: Hopfen, Baldrian, Kamille, Lavendel, Majoran, Johanniskraut, Passionsblume, Muskat

sogenannte Phytotherapie (Pflanzenheilkunde) beschäftigt sich seit Jahrhunderten mit der Erforschung von Pflanzen für einen gesunden Schlaf. Verwenden Sie dazu entweder die frische Pflanze oder die entsprechenden getrockneten Teeblätter. Die Teeblätter legen Sie 15 Minuten vor Gebrauch in eine Schale mit Wasser. Wenn die Teeblätter weich sind, fügen Sie diese mitsamt dem Wasser zu Ihrem grünen Smoothie hinzu.

Rezept für einen Gute-Nacht-Smoothie
Grundrezept
Für ca. 300 ml: ½ Banane | ½ Apfel | etwas Zitronensaft | 1 EL Honig | 3 Mangoldblätter (ohne weißen oder rotem Stiel) oder 1 kleine Handvoll Spinat | 200 ml Wasser

Trinken Sie Ihren Gute-Nacht-Smoothie bereits als Abendessen und nicht erst vor dem Einschlafen.

Passend zu diesem Grundrezept können Sie Blätter und Blüten in den folgenden Kombinationen verwenden:

Hopfen und Baldrian; Johanniskraut und Baldrian; Kamille und Lavendel; Passionsblume und Steinklee; Waldmeister und Johanniskraut; Muskat und Hopfen.

Emotional ausgeglichen und geistig topfit

Grüne Smoothies haben einen äußerst positiven Einfluss auf unser geistiges und seelisches Wohlbefinden. Richtig zusammengesetzt, gleichen sie nervliche Mangelzustände aus, die unser stressreiches und von Umweltgiften belastetes Leben verursacht. Gleichzeitig unterstützen sie geistige Leistungsfähigkeit und Lebenslust. »Brainfood« ist ein Modebegriff geworden, der meist dafür steht, dass wir teure Pillen und Pulver kaufen sollen, die uns leistungsfähiger und glücklicher machen. Was an »Brainfood« auf dem Markt angeboten wird, sind diverse chemische Stoffe, die bis auf wenige Ausnah-

men auch in Pflanzen vorkommen. Die meisten dieser Pflanzen sind leicht erhältlich und warten nur darauf, Ihren grünen Smoothie zu bereichern, ohne dass Sie viel Geld dafür bezahlen müssen! Wir möchten Ihnen an dieser Stelle ein paar Hinweise geben, wie der grüne Power-Drink Ihren Seelenzustand und Ihre intellektuelle Fitness optimieren kann.

Natürliches Brainfood für unser Gehirn

Unser Gehirn braucht sehr viel Energie: Obwohl es nur einen Anteil von zwei Prozent an unserer Körpermasse hat, benötigt es etwa ein Viertel der Gesamtenergie, die wir unserem Körper zuführen. Hauptbrennstoff für das Gehirn ist Glukose (Traubenzucker), die aus dem Blut aufgenommen wird. Das Gehirn ist davon abhängig, dass Glukose möglichst regelmäßig angeliefert wird und sich nicht ständig hohe und niedrige Konzentrationen abwechseln. Genau das ist jedoch bei unseren Ernährungsgewohnheiten oft der Fall und kann zu erhöhter Müdigkeit und Abgeschlagenheit führen. Der Grund für den Energieabfall liegt darin, dass wir dem Körper zu viele kurzkettige Zuckermoleküle zuführen, die das Gehirn auf eine dauerhafte Achterbahnfahrt von Überfluss und Mangel schicken. Lebensmittel, die derartige Zucker enthalten, bewirken, dass die Bauchspeicheldrüse beim Essen extrem viel Insulin ausschüttet. Durch viel Insulin im Blut tritt wiederum ein Schwächegefühl auf, das uns nach mehr Zucker verlangen lässt – ein paradoxer Teufelskreis! Obendrein wird die Bauchspeicheldrüse chronisch geschwächt, wodurch sich die Gefahr erhöht, an Diabetes zu erkranken.

Eine wesentlich bessere Form der Ernährung ist die Zufuhr von langkettigen Zuckermolekülen (Polysaccharide), aus denen die Glukose im Stoffwechsel langsam herausgelöst und kontinuierlich dem Gehirn als Nahrung zugeführt wird. Solche langen Zuckerketten sind ein Hauptbestandteil der Pflanzen und deshalb im grünen Smoothie in Hülle und Fülle vorhanden. Wenn Sie regelmäßig grüne Smoothies trinken, ist Ihr Energiehaushalt ausgeglichen, und Sie spüren somit mehr Ausgeglichenheit in Ihrem geistig-seelischem Befinden!

GEGEN DIE NEUE VOLKSKRANKHEIT

Depressionen und Ängste haben inzwischen in ihrer Häufigkeit die Herz-Kreislauf-Erkrankungen überholt. Mit dem grünen Smoothie können Sie körperlich und seelisch vorbeugen.

BRAINBOOSTER NR. 1: MATCHA-GRÜNTEEPULVER

Der Matcha-Grüntee besteht aus Teeblättern, die mit einer Steinmühle zu einem feinen grünen Pulver vermahlen werden. Dieses Pulver wird aufgegossen – der Tee enthält also das gesamte Blatt. Als traditionelles Getränk japanischer Zen-Mönche hat der Matchatee eine jahrtausendealte Geschichte. Er ist reich an Vitaminen, hochwertigen sekundären Pflanzenstoffen, Spurenelementen und Koffein, das aber nur langsam an den Korper abgegeben wird. Dadurch bewirkt er im Gegensatz zu Kaf-

fee keine kurze, sondern eine lang anhaltende, angenehme Wachheit und Konzentrationsfähigkeit. Seine überragende Auswirkung auf die Gesundheit wird vor allem dem Polyphenol Epicatechin (EGCG) zugeschrieben, das nachweislich beispielsweise bei Parkinson, Alzheimer, multipler Sklerose, verschiedenen Krebsarten, Arteriosklerose, Arthritis und sogar AIDS hilft. Gründe genug, um bei Bedarf eincn Teelöffel hochwertiges Matcha-Grünteepulver in Ihren grünen Smoothie zu geben!

Grüner Balsam für unser Nervensystem

Besonders wichtig für das Nervensystem sind Vitamine. An der Funktion des Gehirns sind alle Vitamingruppen beteiligt. Essenziell für ein gesundes Nervensystem ist beispielsweise Folsäure (Vitamin B9) aus der Gruppe der B-Vitamine. Ein Mangel an Folsäure ist in Deutschland besonders häufig. Bei einer von tausend Schwangerschaften ist das Nervensystem des Embryos (Neuralrohrdefekt Spina bifida) aufgrund von Folsäuremangel der Mutter geschädigt. Folsäure (lat.: Folium = Blatt) ist besonders reichlich in dunkelgrünen Blättern wie Spinat, Mangold, Feldsalat und Tatsoi enthalten und darüber hinaus hitze- und lichtempfindlich. Ein guter Grund also, den Spinat im Smoothie möglichst frisch und besonders auch in der Schwangerschaft reichlich zu sich zu nehmen!

Die B-Vitamine werden auch als »Nervenvitamine« bezeichnet. B1 (Thiamin) ist wichtig zum Schutz gegen Depressionen, Gedächtnis- und Konzentrationsstörungen sowie Nervenschädigungen (Polyneuropathie). Es ist in vielen Grünpflanzen enthalten, zum Beispiel in Spinat, Postelein und Schnittlauch. Vitamin B6 (Pyridoxin) ist besonders wichtig für die Funktion des peripheren

Nervensystems, das vom Gehirn und Rückenmark aus den gesamten Körper durchzieht, und kommt zum Beispiel in Paprika und Petersilie vor. Auch wenn der Körper nur geringe Mengen Vitamin B12 (Cobalamin) braucht, ist ein Mangel für das Nervensystem sehr gefährlich. Vitamin B12 wird sehr lange in der Leber gespeichert, sodass sich ein Mangel nur schleichend bemerkbar macht, schlimmstenfalls in Form von schweren degenerativen Erkrankungen des Nervensystems wie der funiculären Myelose. Wenn Sie Vitamin B12 aus Pflanzen aufnehmen wollen, kommt es nur in den orangefarbenen Beeren des Sanddorns in einer Konzentration vor, die mit tierischen Produkten vergleichbar ist. Vitamin C und E sind wichtige Antioxidanzien, die das Gehirn vor Zellalterung und Folgeerkrankungen wie Alzheimer schützen können. Sehr viel Vitamin C enthalten Kohl und Petersilie oder Früchte wie die Acerola-Kirsche und die Orange. Viel Vitamin E findet sich in Spinat, Möhrengrün, Aprikosen und Avocados.

Die Impulsübertragung von Nervenzelle zu Nervenzelle erfolgt über Botenstoffe, die sogenannten Neurotransmitter. Viele seelische Erkrankungen haben mit einem Mangel oder Ungleichgewicht an Botenstoffen im Gehirn zu tun, zum Beispiel von Serotonin oder Dopamin bei Depressionen und Angsterkrankungen. Die Einnahme der Botenstoffe selbst ist unwirksam, weil sie die Bluthirnschranke, einen Schutzmechanismus des Gehirns, nicht überwinden können. Damit das Gehirn ausreichend und rechtzeitig Botenstoffe produzieren kann, müssen genügend Rohstoffe in Form bestimmter Aminosäuren vorhanden sein. Zumeist handelt es sich dabei um essenzielle Aminosäuren (also Aminosäuren, die der Körper nicht selbst herstellen kann). Diese Aminosäuren können wir mit grünen Smoothies in Hülle und Fülle zu uns nehmen. Tryptophan wird im Gehirn zu Serotonin umgewandelt. Es ist essenziell für gute Laune, erholsamen Schlaf und eine gesunde Sexualität. Gute Tryptophanquellen sind Spinat, Spirulina-Algen, Rosinen, Aprikosen und Litschis.

Tyrosin hat vielfältige Funktionen, unter anderem verhindert es Depressionen sowie Ängste und verstärkt die Ausschüttung des Wachstumshormons HGH (Human Growth Hormon), das uns

GU-ERFOLGSTIPP
NATÜRLICHES
GEHIRN-DOPING

Die 17 besten Zutaten im grünen Smoothie für das Gehirn: Äpfel, Avocados, Bananen, Birnen, Brombeeren, Heidelbeeren, Kakaobohnen, Leinsamen, Mandeln, Matcha-Grünteepulver, Petersilie, Postelein, Rosinen, Sauerampfer, Sojasprossen, Spinat, Walnüsse.

lange geistig jung und fit hält. Wir finden es beispielsweise in Grünkohl, Petersilie, Sojakeimlingen und Spinat. Besonders hochkonzentriert ist es in rohen Erdnüssen enthalten.

Andere wichtige Aminosäuren sind Isoleucin und Threonin, das in Birnen, Pflaumen und Avocados vorkommt und die Blutgefäße im Gehirn vor Arteriosklerose schützt. Isoleucin verbessert das Denkvermögen und wirkt harmonisierend auf die Psyche. Der Stoff ist in vielen Pflanzen vorhanden, zum Beispiel in Erbsen, Feldsalat und Avocado, sehr hoch konzentriert in Sesamsamen.

Ungesättigte Fettsäuren »schmieren« unser Denken

Unser Gehirn besteht gut zur Hälfte aus Fett. Insbesondere sind es die ungesättigten Fettsäuren, die als Gehirnnahrung eine zentrale Bedeutung haben. Besonders wichtig ist das Verhältnis von Omega-3- zu Omega-6-Fettsäuren, das nicht zu groß sein sollte. Bekanntermaßen werden Japaner deutlich älter als wir, was auch mit dem richtigen Aufnahmeverhältnis dieser Fettsäuren zu tun hat. Es beträgt bei Japanern etwa 1 zu 4, bei Europäern etwa 1 zu 20! Anders als oft behauptet, müssen Sie Omega-3- und Omega-6-Fettsäuren nicht unbedingt aus Fisch zu sich nehmen.

Eine ideale Mischung dieser beiden Säuren finden Sie beispielsweise im Leinsamen, wo das Verhältnis von 1 zu 4 japanische Ausmaße erreicht. Wenn Sie ein bis zwei Esslöffel Leinsamen zu Ihrem grünen Smoothie geben, schlagen Sie mehrere Fliegen mit einer Klappe: Sie ernähren Ihr Gehirn optimal, schützen Ihr Herz- und Kreislauf-System, verbessern Ihre Verdauung – und Ihr Smoothie wird besonders sämig und schmackhaft!

Weitere gute Quellen für ungesättigte Fettsäuren im grünen Smoothie sind Avocados, Walnüsse und grüne Blätter im Allgemeinen. Manche Nüsse enthalten allerdings zu hohe Anteile von Omega-6-Fettsäuren, weshalb sie nur in geringen Mengen verzehrt werden sollten.

Vorsicht ist vor allem bei Transfetten geboten, die durch das Erhitzen von Pflanzenölen besonders beim Backen und Frittieren entstehen. Sie erhöhen massiv den oxidativen Stress im Gehirn und belasten die Blutgefäße durch Cholesterinablagerungen.

BRAINBOOSTER NR. 2: KAKAOBOHNE

Die Kakaobohne enthält über 300 verschiedene und teilweise hochwirksame Stoffe. Für das Nervensystem besonders bedeutsam sind Polyphenole (darunter Anthocyanin und Epicatechin, das auch im Matcha-Grünteepulver vorkommt), diverse Vorstufen von Neurotransmittern, wichtige Antioxidanzien und Flavonoide. Kakao schützt vor vielen neurologischen Erkrankungen und hat eine stimmungsaufhellende, antidepressive Wirkung. Wenn Sie Ihrem Smoothie Kakao beimengen wollen, nehmen Sie entweder die ganze Kakaobohne oder Kakaopulver, beides aus hochwertigem biologischem Anbau und in Rohkostqualität, also nicht über 42 °C erhitzt. Lesen Sie deswegen beim Einkauf im Bioladen genau die Packungsaufschrift.

Roher Kakao schmeckt angenehm bitter und ist gesund.

Die besondere Bedeutung von Zink und Selen

Zu einem guten Brainfood-Cocktail gehören die Spurenelemente Zink und Selen, aber auch die Mineralien Phosphor, Kalium und Magnesium. Eine Studie hat gezeigt, dass Schulkinder eine signifikant bessere geistige Leistungsfähigkeit haben, wenn sie regelmäßig Zink bekommen. Zink scheint außerdem gegen Depressionen zu wirken. Es ist in vielen Lebensmitteln in unterschiedlichen Mengen vorhanden, auch im grünen Blattgemüse. Zu einem Top-Lieferanten von Zink wird der grüne Smoothie dann, wenn Sie ab und zu Roggen-, Weizenkeime oder Kakaobohnen und Aloe vera hinzufügen, denn in diesen Nahrungsmitteln ist die Konzentration besonders hoch.

Selen ist ein wichtiges Antioxidans, das unter anderem die Oxidation von Fettsäuren verhindert und deshalb für das Nervensystem, das einen hohen Fettgehalt aufweist, besonders wichtig ist. Selen findet sich in allen Pflanzen, die auf selenhaltigen Böden wachsen. Leider ist in Europa der Selengehalt in den Böden nicht sehr hoch. Je mehr Früchte und grüne Blätter Sie mit dem grünen Smoothie zu sich nehmen, umso besser versorgen Sie Ihren Körper mit dem lebenswichtigen Selen.

Rezepte für grüne Smoothies als Gehirn-Nahrung

Brainfood-Mix Nr. 1

Für ca. 1 l: 1 Mango (ohne Kern) | 1 Orange (geschält) | 1 Banane | 150 g Heidelbeeren | 1 EL Kokosmus, roh (Glas) | 2 Handvoll Spinat | 4 Blatt Minze | 6 cm Aloe vera (geschält) | ½ l Wasser

Brainfood-Mix Nr. 2

Für ca. 1,5 l: 2 Birnen | 100 g Preiselbeeren | ¼ Wassermelone (mit Schale und Kernen) | 1 Handvoll Blätter vom Weißen Gänsefuß | 4 Stängel Gundelrebe | 5 Blatt Schafgarbe | 5 Blatt Spitzwegerich | ½ Kopfsalat | 4 Stück Rosenkohl | 1 Prise Kardamom (frisch gemahlen) | ¾ l Wasser

Brainfood-Mix Nr. 3

Für ca. 1,5 l: ½ Avocado (mit Kern) | 1 rote Paprika | Saft einer ½ Zitrone | 2 EL Matcha-Grünteepulver | ½ Bund Schnittknoblauch | 8 Stängel Schnittlauch | 150 g Postelein | 4 Mangoldblätter (ohne Stiel) | Blätter von 2 Stängeln Rosmarin | 1 Prise Himalaya-Salz | 1 Prise Cayennepfeffer | ¾ l Wasser

Brainfood-Mix Nr. 4

Für ca. 1,5 l: 1 Orange (geschält) | 2 Äpfel | 3 Datteln | ¼ Zitrone | 2 EL Kakaobohnen, roh | 200 g Salat-Mix | ½ Handvoll Sanddornblätter | 1 Prise Kardamon (frisch gemahlen) | ½ l Wasser

Entschlacken – Fasten – Abnehmen

Grüne Smoothies eignen sich hervorragend, um unseren Körper bei der Ausscheidung von Abbauprodukten und Giftstoffen zu unterstützen. Ihre Inhaltsstoffe unterstützen die vielen Stoffwechselvorgänge, die unser Körper tagtäglich vollbringt. Auch wenn die Ausscheidungsvorgänge in einem gesunden Körper gut funktionieren, sammeln sich durch Umwelteinflüsse und Ernährungsgewohnheiten im Lauf der Zeit immer wieder Schadstoffe im Körpergewebe. Diese Schadstoffe werden oft umgangssprachlich als »Schlacken« bezeichnet, als wäre der Körper eine Art »Hochofen«,

Brainfood-Mix Nr. 3 – vergessen Sie den Avocadokern nicht!

in dem Lebensenergie erzeugt wird und dabei als Abfallprodukte Schlacken entstehen.

Was sind Schlackenstoffe?

Genau genommen handelt es sich dabei um chemische Elemente und Verbindungen, die unseren Körper belasten oder sogar schädigen. Beispiele sind Schwefelsäure, Ammoniak, Konservierungsstoffe, Pestizide, Weichmacher oder Schwermetalle. Besonders anfällig für Ablagerungen sind Fett- und Bindegewebe, Knochen und Gelenke sowie der Raum zwischen den Körperzellen (Interzellulärraum). So kommt es durch eine eiweißreiche Ernährung leicht zur Einlagerung von Proteinen in die Membranen zwischen den Zellen. Die Membranen verdicken sich und die Zufuhr von Nährstoffen in die Zellen sowie der Abtransport von Abfallstoffen sind gestört. Daraus können verschiedene Erkrankungen entstehen. Von großer Bedeutung sind in diesem Zusammenhang auch Zucker-Eiweiß-Verbindungen, die unter anderem durch den Verzehr von gebratenem Fleisch entstehen und die Innenwand der Blutgefäße schädigen. Zahlreiche Umweltgifte in Form von Schwermetallen, Pestiziden oder Lösungsmitteln lagern sich besonders im Nervensystem ab und können dort langfristig Schäden verursachen. Manche Wissenschaftler führen die stetige zunehmende Anzahl von Depressionen und Angsterkrankungen zum Teil auch auf diese Ursachen zurück.

Was passiert beim Entgiften?

Um unseren Körper von Schadstoffen zu befreien, empfehlen Naturheilkundler – aber zunehmend auch konventionelle Ärzte –, regelmäßig Entschlackungs- und Fastenkuren durchzuführen. Beim Fasten kommt es zu einer Entlastung, Entgiftung und Regeneration. Dabei wird keineswegs nur Fett verbrannt. Viele Gewebe des Körpers werden entlastet, indem gespeicherte Schadstoffe abgebaut werden. Beispielsweise verbessert sich der Zellstoffwechsel deutlich, wenn die Eiweißablagerungen aus den Zellzwischenräumen gelöst werden. Das Herz-Kreislauf-System wird entlastet und der Blutdruck sinkt, wenn die Wände der Blutgefäße elastischer und die kleinsten Blutgefäßverzweigungen (Kapillaren) durchlässiger werden. Durch das Abschmelzen des Bauchfetts verringert sich beispielsweise die Überproduktion von Insulin. Aufgrund der biochemischen Vorgänge beim Fasten treten vorübergehend aber auch unerwünschte Effekte auf wie eine starke Erhöhung der Harnsäure oder ein Anstieg von Giftstoffen im Blut, die aus dem Fettgewebe freigesetzt werden. Da keine Nahrung aufgenommen wird, kann es gleichzeitig dazu kommen, dass wichtige Mikronährstoffe wie Antioxidanzien, Mineralien und Vitamine fehlen. Damit Entgiften und Fasten zu einem wirklich heilsamen und schonenden Vorgang werden und unser Körper nicht noch mehr belastet wird, sind grüne Smoothies der ideale Begleiter. Sie enthalten wenig Kalorien (insbesondere wenn wir den Anteil der Früchte entsprechend reduzieren), dafür aber jede Menge wertvoller Vitalstoffe. Außerdem können Sie grüne Smoothies in mehreren Varianten zur inneren Reinigung Ihres Organismus einsetzen – zum Entschlacken sowie vor und nach einer Fastenkur.

ZU WENIG FLÜSSIGKEIT?
Urin ist in der Regel hellgelb. Dass Ihr Körper den Tag über nicht genug Flüssigkeit bekommt, merken Sie daran, dass sich der Harn deutlich dunkler färbt. Dann sollten Sie mehr Wasser trinken.

Entschlacken mit grünen Smoothies

Verzichten Sie über einen frei gewählten Zeitraum von wenigen Tagen bis hin zu mehreren Wochen auf Ihre übliche Nahrung, und trinken Sie über den Tag verteilt nur noch grüne Smoothies. Sie sollten dabei auf zwei bis zweieinhalb Liter pro Tag kommen. Achten Sie auf einen relativ hohen Wasseranteil im Smoothie (ca. 400 ml hochwertiges Wasser auf 1000 ml Füllmenge im Mixbehälter). Sollten Sie dennoch zu wenig Flüssigkeit zu sich nehmen, können Sie zusätzlich Wasser und Tee trinken.

Außerdem ist wichtig, dass Sie die Zusammensetzung Ihres grünen Smoothies immer wieder variieren. Der Fantasie sind keine Grenzen gesetzt. Beispielsweise können Sie morgens Rosmarin, Ingwer, Pfefferminze oder auch Eukalyptusteeblätter als Muntermacher beimengen und abends Melisse, Lavendel oder Baldrian zum Entspannen. Sie können eine solche Kur parallel zur Arbeit machen und die grünen Smoothies ins Büro mitbringen. Noch besser ist es, sich freizunehmen und sich eine Regenerationszeit nicht nur für den Körper, sondern auch für den Geist und die Seele zu gönnen. Machen Sie begleitend täglich leichten Ausdauersport, Yoga und Meditationsübungen. Hören Sie entspannende Musik, und achten Sie auf möglichst wenig Ablenkung.

Sie werden schon bald eine deutliche Steigerung des Wohlbefindens, der Lebensfreude und der Leistungsfähigkeit feststellen. Innere Ruhe kann sich einstellen und tiefere geistige Einsichten ermöglichen. Während dieser Zeit wird sich Ihr Körper an den grünen Smoothie gewöhnen, und Sie werden nach Beendigung der Kur nicht mehr auf ihn verzichten wollen. Da es während der Kur zu tief greifenden Entgiftungsprozessen kommt, kann es sein, dass Sie vor allem in den ersten Tagen bestimmte »Entgiftungserscheinungen« feststellen werden (siehe Seite 37). Zu ihnen zählen: vermehrte Müdigkeit und Erschöpfung, ungewohnter Geschmack im Mund, Zungenbeläge, Kopfschmerzen, Schlafstörungen oder größeres Schlafbedürfnis, ungewohnte Körperausdünstungen, Veränderung der Verdauung, flüssiger Stuhl bis hin zu Durchfall, Herzklopfen, Übelkeit, Anflüge von Ängstlichkeit und depressiver Verstimmung, verschwommenes Sehen, Zittern und andere Symptome der Reinigung. All diese

ALLES IST WIE WEGGEZAUBERT

»Seit ich grüne Smoothies trinke, hat sich bei mir einiges getan. Ich war immer sehr übersäuert und litt an unangenehmen Begleiterscheinungen wie Kopfschmerz, Herzklopfen, Müdigkeit, Erschöpfung, Stimmungsschwankungen. Das alles ist wie weggezaubert. Dank der grünen Smoothies hat sich auch meine Verdauung verbessert. Ich bin zudem wacher und habe seltener Infekte.«
Sylvia Wegener, Ahrbergen

TIPP

Den Entschlackungsprozess können Sie durch regelmäßige Darmeinläufe mit körperwarmem Wasser unterstützen.

Symptome nehmen in der Regel einen leichten Verlauf und verschwinden wieder, sobald sich Ihr Körper an die Kostumstellung gewöhnt hat.

Am Ende der Kur beginnen Sie langsam wieder auch andere Nahrung zu sich zu nehmen. Achten Sie genau darauf, was Ihr Körper möchte, und verordnen Sie ihm nicht unbedacht die üblichen Routine-Mahlzeiten. Mit Kreativität und Achtsamkeit für Ihre Bedürfnisse können Sie auf diese Weise neue Formen des Genusses und eine bisher nicht gekannte Lebensqualität kennenlernen.

Von der Jahreszeit her eignen sich Frühjahr und Sommer am besten für eine Entschlackungskur. Der Herbst ist ebenfalls möglich, wenn auch nicht ideal, der Winter ist biorhythmisch und aufgrund der Kälte ungeeignet.

Rezepte für effektives 7-Tage-Entschlacken
1. Tag
Morgens
Für ca. ¾ l: 2 Birnen | 1 Handvoll Lindenblätter | ¼ l Wasser

Eine Woche lang mit supergesunden Mini-Mahlzeiten entschlacken wie am »1. Tag morgens und mittags« – Ihr Körper wird es Ihnen danken!

Mittags
Für ca. 1 l: 1 Banane | 200 g Brombeeren | 10 Gojibeeren |
4 große Mangoldblätter (ohne weißen oder roten Stiel) | 4 Blatt
Romanasalat | ½ Bund Petersilie | ¼ Zitrone (geschält) |
½ l Wasser

Abends
Für ca. ½ l: 4 Taubnesseln | 10 Kamille-Blüten | ½ Handvoll
Spinat | 1 Teelöffel Honig | ¼ l Wasser

2. Tag
Morgens
Für ca. 1 l: 100 g Himbeeren | 2 Pfirsiche (ohne Kern) |
1 Handvoll Postelein | 4 Blatt Kopfsalat | 2 Kohlrabiblätter |
½ l Wasser

Mittags
Für ca. 1 l: 150 g Heidelbeeren | 3 Pflaumen, getrocknet (einge-
weicht) | 1,5 cm Ingwer (ungeschält) | 4 Blatt Löwenzahn |
2 Blatt Grünkohl | 1 Handvoll Feldsalat | ½ l Wasser

Abends
Für ca. ½ l: 4 Blatt Zitronenmelisse | 5 Kamille-Blüten | 1 Tee-
löffel Honig | ¼ l Wasser

3. Tag
Morgens
Für ca. 1 l: 8 Brombeerblätter | 2 Blatt Sauerampfer | 100 g
Babyspinat | 1 EL Leinsamen (eingeweicht) | 2 Kiwis (geschält) |
½ Orange (geschält) | ½ Ananas | ½ l Wasser

Mittags
Für ca. 1 l: ½ Avocado | 4 Tomaten | 3 Tomaten, getrocknet (ein-
geweicht) | 2 Frühlingszwiebeln mit Grün | 3 Stängel Basilikum |
3 Stängel Thymian | Blätter von 2 Stängeln Rosmarin | 1 Prise
Himalaya Salz | ¼ l Wasser

Am dritten Tag der Entschlackungskur macht mittags ein Smoothie mit Avocado satt.

Abends

Für ca. ½ l: ½ Banane | 1/4 Ananas | 1 Birne | 2 Mangoldblätter (ohne Stiel) | 5 Blatt Baldrian | ¼ l Wasser

4. Tag

Morgens

Für ca. 1 l: 1 kleine Papaya (mit Kernen) | 1 Banane | ½ Limette | 1 Handvoll Spinat | 1 EL Hanfsamen, roh (geschält) | ¼ l Wasser

Mittags

Für ca. 1 l: 1 Banane | ½ Ananas | 7 cm vom Aloe-vera-Blatt (geschält) | ½ Kopfsalat | 4 Stängel Petersilie | ½ l Wasser

Abends

Für ca. ½ l: ½ Banane | 1 Kiwi | ½ Mango (ohne Kern) | 1 Feige | 3 Blatt Löwenzahn | 1 Stängel Lavendel | 4 Salbeiblätter | ½ Liter Wasser

5. Tag

Morgens

Für ca. 1 l: ½ Banane | 150 g Erdbeeren | 2 Blatt Minze |
½ Handvoll Giersch | 3 Stängel Vogelmiere | 1,5 cm Vanille-
schote | ¼ Avocado | ¼ Zitrone (geschält) | ½ l Wasser

Mittags

Für ca. 1 l: 3 Äpfel | ¼ Zitrone (geschält) | 1 Handvoll Brennnes-
selblätter | 1 Handvoll Blätter vom Weißen Gänsefuß | 2 Blatt
Sauerampfer | ½ l Wasser

Abends

Für ca. ½ l: Saft einer ¼ Zitrone | ⅛ Wassermelone (mit Schale
und Kernen | 4 Baldrianblätter | 1 cm Ingwer (ungeschält) |
⅛ l Wasser

Am 5. Tag treffen Farben
aufeinander:
Mittags das kräftige Grün
von Brennnessel und Wei-
ßem Gänsefuß, abends
das Braungrün durch die
Wassermelone.

6. Tag

Morgens

Für ca. 1 l: 1 Banane | 1 Mango (ohne Kern) | 1 Apfel | 100 g Weintrauben | 2 Blatt Wirsingkohl | 7 junge Lindenblätter | ½ l Wasser

Mittags

Für ca. 1 l: 150 g Heidelbeeren | 50 g Maulbeeren, getrocknet (eingeweicht) | 2 kleine Birnen | 1 Handvoll Brennnesselblätter | 1 Handvoll Spinat | ½ l Wasser

Abends

Für ca. ½ l: ½ Honigmelone (geschält) | 1 Pfirsich | 1 EL Mandelmus, roh | ¼ Zitrone | 3 Blatt Löwenzahn | 3 Blatt Breitwegerich | 2 Blatt Zitronenmelisse | ¼ l Wasser

7. Tag

Morgens

Für ca. 1 l: 1 kleine Papaya (mit Schale und Kernen) | 5 Datteln | ¼ Zitrone | 2 Handvoll Spinat | ½ l Wasser

Diesen grünen Smoothie vom 7. Tag abends könnte man auch als leckeren »Brombeer-Kakao« bezeichnen.

Mittags
Für ca. 1 l: 1 Mango (ohne Kern) | 1 Pfirsich | ½ Banane |
¼ Zitrone | 10 Schafgarbenblätter | ½ Handvoll Klee mit Blüten |
5 Blatt Spitzwegerich | ½ l Wasser

Abends
Für ca. ½ l: 2 Aprikosen (ohne Kern) | 70 g Brombeeren |
½ Handvoll Rosinen | ½ Endivien-Salat | ½ l Wasser

Grüne Smoothies unterstützen Ihre Fastenkur

Wenn Sie eine strengere Heilfastenkur nur mit Wasser, Tee und
Säften machen wollen, dient der grüne Smoothie nicht nur als ide-
aler Einstieg in das Fasten, sondern auch als guter Ausstieg. Trinken Sie einige Tage vor Beginn der Fastenkur hauptsächlich oder
ausschließlich grüne Smoothies nach freier Wahl. Während des
Fastens verzichten Sie komplett auf Ihren Smoothie. Sie können
die Fastenperiode optimieren, indem Sie zwischendurch Weizen-
grassaft oder auch Saft aus anderen grünen Pflanzen trinken. Ihr
Körper wird Ihnen für den konzentrierten Schuss Mikronährstoffe dankbar sein!
Am Ende, beim Fastenbrechen, ist der grüne Smoothie das ideale
Mittel, um sich wieder an die Nahrungsaufnahme zu gewöhnen.
Beginnen Sie am ersten Tag mit ein bis zwei Gläsern eines einfach
zusammengestellten grünen Smoothies mit wenig Zutaten. Steigern Sie in den folgenden Tagen die Menge, bis Sie bei Ihrer persönlichen Wunschration angelangt sind, die Sie dann auch in Verbindung mit Ihrem normalen Essen beibehalten.

Rezepte für die Entlastungstage vor dem Fasten
1. Tag
Für ca. 1 l: 1 Honigmelone (geschält) | 2 Handvoll Spinat |
¼ l Wasser

2. Tag
Für ca. 1 l: ½ Wassermelone mit Schale und Kernen | ½ Bund
Petersilie | ¼ l Wasser

WICHTIG
Bitte beachten Sie, dass der
grüne Smoothie kein Saft
ist, sondern eine pürierte
Rohkostmahlzeit, die die
Gesamtheit der verwende-
ten Pflanzen enthält. Er ist
deshalb während der ei-
gentlichen Fastenperiode
nicht als Getränk geeignet!

Viel Abwechslung beim Fastenbrechen mit grünen Smoothies.

3. Tag
Für ca. 1 l: 2 Kiwis (geschält) | 200 g Weintrauben | 1 Kopf Romanasalat | ¼ l Wasser

Rezepte zum Fastenbrechen
1. Tag
Für ca. 1 l: 1 Mango (ohne Kern) | 200 g Weintrauben | 10 Weinblätter | ½ l Wasser

2. Tag
Für ca. 1 l: 1 Banane | 1 Pfirsich | 100 g Erdbeeren | ¼ Zitrone | ½ Spitzkohl | ½ l Wasser

3. Tag
Für ca. 1,5 l: ½ Ananas | 1 Birne | 1 Banane | 6 Mangoldblätter (ohne weißen oder roten Stiel) | ½ l Wasser

Abnehmen ohne Jo-Jo-Effekt
Es ist sehr einfach, mit grünen Smoothies Gewicht zu verlieren, denn während des Abnehmens wird Ihnen nichts weggenommen.

Stattdessen bekommen Sie etwas dazu, nämlich den grünen Smoothie! Durch seine zahlreichen Mikronährstoffe sättigt er den Vitalstoffbedarf der Körperzellen, auch wenn Sie gleichzeitig die Kalorien reduzieren. Das Beste daran ist: Sie brauchen keine spezielle Diät halten, auf die unweigerlich der Jo-Jo-Effekt folgt!

Unter Jo-Jo-Effekt versteht man die rasche Gewichtszunahme nach einer Fasten- oder Diätperiode. Nicht selten ist das Gewicht dann sogar höher als vorher. Die Ursache ist, dass der Körper beim Abnehmen den Grundumsatz stark verringert und ihn auch Wochen danach noch niedrig hält. Wenn Sie wieder normal essen, kommt es zu einem Überangebot von Kalorien. Diese überschüssigen Kalorien speichert der Körper in Form von ungeliebten Fettpolstern. Mit dem grünen Smoothie kommt es in der Regel nicht zum Jo-Jo-Effekt, weil er ein hochwertiges Nahrungsmittel ist, das mit Vitalstoffen vollgepackt ist und keine leeren Kalorien enthält. Wenn Sie folgende Regeln beachten, werden Sie mit dem grünen Smoothie in angemessener Zeit Ihr Idealgewicht erreichen und brauchen keine Angst vor dem Jo-Jo-Effekt zu haben:

> Probieren Sie als Anfänger den grünen Smoothie einfach aus wie in diesem Buch beschrieben. Verändern Sie zunächst nichts an Ihren sonstigen Ernährungsgewohnheiten.

> Finden Sie über einen Zeitraum von mehreren Wochen bis Monaten heraus, welche Rezepte Ihnen am besten schmecken, und versuchen Sie, im Lauf der Zeit auf eine tägliche Smoothiemenge von einem Liter zu kommen.

> Durch den grünen Smoothie als Zusatznahrung werden Sie insgesamt weniger Hunger verspüren. Lassen Sie nur die Lebensmittel weg, bei denen es Ihnen leicht fällt. Sie sollten keinesfalls auf Lieblingsspeisen verzichten oder so wenig essen, dass Sie dauernd hungrig sind.

> Achten Sie immer darauf, dass der Anteil an grünen Blättern im Smoothie möglichst hoch ist, mindestens 50 Prozent oder mehr.

> Experimentieren Sie mit süßen grünen Smoothies, die Rosinen, Datteln, Feigen, Agavendicksaft oder Honig enthalten – maßvoll verwendet tragen sie nicht auf –, und greifen Sie anstatt zur Schokolade zur grünen Flasche!

KREATIV ABNEHMEN

Mit grünen Smoothies abzunehmen macht Spaß! Während die Pfunde purzeln, trinken Sie leckere grüne Smoothies, die Sie nach Lust und Laune komponieren können: Je abwechslungsreicher und geschmackvoller, umso besser. Denn dann werden Sie Ihren Power-Drink nie mehr missen wollen.

Wenn Sie so weit sind, dass Sie über mehrere Wochen täglich einen Liter grünen Smoothie zu sich nehmen und sich damit wohl fühlen, sind Sie optimal für eine Entschlackungskur mit grünen Smoothies vorbereitet. Folgen Sie dazu den Anleitungen ab Seite 95.

Nach der Entschlackungskur sollte der grüne Smoothie weiterhin ein integraler Bestandteil Ihrer täglichen Nahrung bleiben. Wichtig ist, dass Sie jetzt sehr aufmerksam dafür sind, was Ihr gereinigter Körper an zusätzlichen Lebensmitteln verlangt. Es kann gut sein, dass sich Ihre Essgewohnheiten verändern. Meist steigt vor allem das Verlangen nach Vitalkost. Folgen Sie diesen Impulsen. Je mehr ausgewogene Vitalkost Sie zu sich nehmen, umso gesünder und fitter werden Sie sich fühlen. Ihre Gewichtsprobleme werden der Vergangenheit angehören.

Rezepte für leckere Pfunde-Purzel-Smoothies

Gewichtsabnahme Nr. 3 – abnehmen und trotzdem genug essen, und zwar vitalstoffreiche Nahrung in flüssiger Form.

Gewichtsabnahme Nr. 1

Für ca. 1,5 l: ½ Ananas | ½ Mango (ohne Kern) | ¼ Avocado | ¼ Zitrone | ½ Bund Petersilie | 3 Mangoldblätter (ohne Stiel) | 1 Kopf Romanasalat | ½ l Wasser

Gewichtsabnahme Nr. 2

Für ca. 1,5 l: 1 Orange (geschält) | 2 Äpfel | 5 Aprikosen, getrocknet (eingeweicht) | 1 EL Leinsamen | ½ Kopfsalat | 1 Handvoll Spinat | 4 Kohlrabiblätter | ½ l Wasser

Gewichtsabnahme Nr. 3

Für ca. 1,5 l: 1 Banane | 5 Aprikosen | 200 g Brombeeren | 1 Kopf Eichblattsalat | ½ l Wasser

Gewichtsabnahme Nr. 4

Für ca. 1,5 l: 1 kleine Papaya (mit Schale und Kernen) | 4 Feigen | ½ Honigmelone (geschält) | Saft von 1 Limette | 4 Wirsingkohlblätter | ½ l Wasser

Grünes Gold für unsere Gesundheit: das Wundermittel Chlorophyll

Chlorophyll färbt nicht nur Pflanzen, sondern auch den Smoothie grün. Es wird dadurch gebildet, dass Sonnenlicht in einem komplexen chemischen Prozess auf die Pflanzen einwirkt. Mithilfe der Photosynthese wandelt Chlorophyll Licht in Kohlenhydrate um und liefert dadurch der Pflanze die nötige Wachstumsenergie. Chlorophyll ist einer der wichtigsten Inhaltsstoffe von grünen Smoothies und ein wesentlicher Grund, weshalb sie so gesund sind. Neueste Forschungsergebnisse in der Krebstherapie lassen die Bezeichnung »Wundermittel« nicht übertrieben erscheinen. Wissenschaftler am Linus Pauling Institute in Oregon (USA) fanden heraus, dass Chlorophyll im Abtöten von Darmkrebszellen zehnmal wirksamer ist als herkömmliche Chemotherapeutika. Besonders bemerkenswert ist, dass selbst große Mengen von Chlorophyll keinerlei schädigende Auswirkungen auf den Menschen haben – ganz im Unterschied zu einer herkömmlichen Chemotherapie, die Schwäche, Übelkeit, Haarausfall und vieles mehr verursacht. Die Wissenschaftler konnten außerdem zeigen, dass Chlorophyll in der Lage ist, krebserregende Stoffe, die etwa im Zigarettenrauch, in gebratenem Fleisch und in Schimmelpilzen vorkommen, wirksam zu neutralisieren. Aus diesen Gründen arbeitet die pharmazeutische Industrie bereits daran, Chlorophyll als Arzneimittel für die Chemotherapie einzusetzen.

Chlorophyll hat viele weitere gesundheitsfördernde Eigenschaften, von denen bisher nur einige erforscht sind. Beispielsweise ist es in seiner chemischen Struktur dem menschlichen Blutfarbstoff Hämoglobin sehr ähnlich, mit dem Unterschied, dass es statt Eisen Magnesium enthält. Mithilfe von Chlorophyll wird der Körper mit Sauerstoff angereichert, was ebenfalls die Krebsgefahr reduziert, denn Krebszellen vermehren sich nur im sauerstoffarmen Zellmilieu. Erwiesen ist auch, dass Chlorophyll als sogenannter natürlicher »Chelatbildner« giftige Schwermetalle wie Blei oder Quecksilber – ebenfalls Risikofaktoren für Krebs – aus dem Körper entfernen kann.

Um Krebs vorzubeugen, sollte Ihr Smoothie möglichst viel Chlorophyll enthalten. Je dunkelgrüner eine Pflanze ist, desto mehr Pflanzenfarbstoff enthält sie. Unter den Kulturpflanzen sind viele Kohlsorten reich an Chlorophyll, gefolgt von Spinat, Petersilie und Kresse. Besonders viel Chlorophyll enthalten Wildkräuter wie beispielsweise Löwenzahn, Brennnessel, Taubnessel und Wegerich. Sehr chlorophyllreich sind außerdem Spirulina-, Chlorella- oder Afa-Algen. Nutzen Sie diese Chlorophyllquellen täglich zur Komposition Ihrer grünen Smoothies.

Die Verdauung optimieren und die Darmflora sanieren

Durch ihre Zusammensetzung schaffen grüne Smoothies – täglich genossen – die ideale Voraussetzung für einen gesunden Darm. Der österreichische Ernährungsspezialist Franz Xaver Mayr sagte: »Der Tod sitzt im Darm.« Er fand heraus, dass fast alle Erkrankungen besser wurden oder heilten, wenn die Darmtätigkeit wieder normal funktionierte. Damit die Verdauung reibungslos ablaufen kann, müssen genügend nützliche Bakterien vorhanden sein, um den Nahrungsbrei aufzuschließen. Fehlen sie, kommt es zu unangenehmen Blähungen, Verstopfungen und Durchfällen, nicht selten aber auch zu entzündlichen Prozessen. Diese schwächen das Immunsystem und können die Krebsgefahr erhöhen.

Ballaststoffe und Chlorophyll für den Darm

Der grüne Smoothie liefert dem Körper alle Voraussetzungen für eine gesunde Verdauung. Sein hoher Anteil an Ballaststoffen reinigt den Darm. Wasserunlösliche Ballaststoffe binden Wasser und Toxine, regen die Darmtätigkeit an und sorgen dafür, dass der Stuhl zügig den Darm verlässt. Sie verhindern chronische Entzündungen und senken durch Bindung von Gallensäuren den Cholesterinspiegel. Wasserlösliche Ballaststoffe werden zerlegt und in die Zellen aufgenommen, wo sie vielfältige Wirkungen entfalten, beispielsweise beugen sie sehr effektiv Darmkrebs vor.
Zusammen mit der geballten Kraft des Chlorophylls erzeugt der grüne Smoothie ein alkalisches Milieu, das die Darmschleimhaut optimal regeneriert. Schädliche Darmkeime wie Fäulnisbakterien oder Pilze werden zurückgedrängt, und der Darm wird wieder mit gesunden Darmbakterien besiedelt.
Wenn Sie regelmäßig grüne Smoothies trinken, werden Sie bemerken, dass der Stuhl bald seinen unangenehmen Geruch verliert. Dieser Effekt ist der stark darmreinigenden Wirkung des Chlorophylls zu verdanken. In den 1950er Jahren rief die Entdeckung von Chlorophyll als »natürliches Desinfektionsmittel« in den USA einen regelrechten Chlorophyllboom hervor. Chlorophylltabletten wurden erfolgreich gegen Körper- und Mundge-

SODBRENNEN – NICHT IMMER ZU VIEL MAGENSÄURE

Wussten Sie schon, dass Sodbrennen ein Anzeichen von zu viel, aber auch von zu wenig Magensäure sein kann? Vor allem Letzteres ist kaum bekannt. Es kommt dadurch zustande, dass Speisen wegen zu wenig Magensäure lange im Magen liegen bleiben und nach oben drücken. Dadurch wird der Verschlussmechanismus zwischen Speiseröhre und Magen geschwächt, und die Magensäure gelangt in die Speiseröhre – oft zusammen mit Speiseresten. Wenn in diesem Fall dann von Ärzten magenschonende Medikmente (Protonenpumpenhemmer) verordnet werden – was leider oft geschieht –, verstärkt das den Teufelskreis. Die Magensäureproduktion wird noch weiter reduziert und die Eiweißverdauung verschlechtert. Grüne Smoothies, regelmäßig getrunken, können dieses Problem deutlich lindern.

ruch eingesetzt und schlecht heilende Wunden aus Kriegsverletzungen mit extremem Wundgeruch konnten rasch zur Abheilung gebracht werden. Durch die Gabe von Chlorophyll an Patienten mit künstlichem Darmausgang (Colostoma) verringerten sich die Geruchsbelästigung und das Auftreten von Blähungen deutlich, was für die Betroffenen eine bessere Lebensqualität zur Folge hatte. Auch nach einer Behandlung mit Antibiotika, die die Darmflora stark belasten, ist Chlorophyll ein wunderbares Mittel, die Darmflora wieder zu sanieren.

Der Präventologe Günter Albert Ulmer schrieb schon 1997 in seinem Buch »Gesundheitswunder Chlorophyll«: »Vermehrter Verzehr von blattgrüner Rohkost würde nicht nur eine Revolution in der Ernährung auslösen, sondern auch eine unglaubliche Verbesserung der Volksgesundheit bedeuten.«

Haben Sie genügend Magensäure?

Es ist von entscheidender Bedeutung für unsere Gesundheit, dass wir genügend Magensäure haben. Victoria Boutenko hat die Erfahrung gemacht, dass sich die Magensäureproduktion durch regelmäßiges Trinken von grünen Smoothies verbessert. Das ist besonders wichtig für die Aufschlüsselung von Proteinen, die durch das Zusammenwirken von Pepsin und Salzsäure im Magen in ihre

Bestandteile, die Aminosäuren, zerlegt werden. Wenn dieser Prozess unvollständig verläuft, gelangen Proteine nur teilweise zerlegt in den Dünn- und Dickdarm, wo sie durch Gär- und Fäulnisprozesse Verdauungsbeschwerden auslösen können. Das Immunsystem wird belastet, und es kann zu Allergien kommen. Nur mit einer ausreichenden Menge an Magensäure sind wir in der Lage, ungekochte Vitalkost gut zu verdauen. So verhilft uns der grüne Smoothie nicht nur zu einer einwandfreien Verdauung, sondern sorgt auch dafür, dass wir seine wertvollen Vitalstoffe vollständig aufnehmen können.

Chlorophyll-Smoothies zur Darmreinigung
Darmreinigung Nr. 1
Für ca. 1 l: ½ Avocado | ½ gelber Paprika | 1 Mini-Salatgurke | 5 Stängel Basilikum | 1 Lauchstange (nur grüne Teile) | 3 Grünkohl-Nuggets, tiefgefroren | ½ Bund Schnittknoblauch | 1 Prise Himalaya-Salz | ½ l Wasser

Darmreinigung Nr.1: Gönnen Sie Ihrem Darm eine wohltuende grüne Dusche!

Darmreinigung Nr. 2
Für ca. 1,5 l: 1 süße Baby-Ananas | 1 cm Ingwer (ungeschält) | ½ Zitrone (geschält) | 5 Blatt Löwenzahn | 10 Blatt Tatsoi | 1 EL Hanfsamen (geschält) | ½ l Wasser

Darmreinigung Nr. 3
Für ca. 1,5 l: 1 Banane | 200 g Heidelbeeren | 4 Datteln | 1 kleine Handvoll Scharbockskraut | 6 Wirsingkohlblätter | 2 cm Ingwer (ungeschält) | ½ l Wasser

Darmreinigung Nr. 4
Für ca. 1,5 l: 2 Äpfel | 200 g Brombeeren | 2 EL Flohsamen | ¼ Zitrone | 1 Handvoll Brennnesselblätter | 1 kleine Handvoll Brunnenkresse | 5 Blatt Pok Choi | ¾ l Wasser

Erfolgreiches Anti-Aging

Für das Ziel, möglichst lange jung und gesund zu bleiben, wird der richtigen Ernährung eine zentrale Bedeutung zugeschrieben. Auch typische Beschwerden und Erkrankungen des Alters können bei richtiger Ernährung verhindert oder hinausgezögert werden. Besonders wirksam ist die regelmäßige Aufnahme einer ausreichenden Menge sogenannter »Radikalenfänger« (auch Antioxidanzien genannt). Radikalenfänger neutralisieren aggressive Sauerstoffmoleküle, die während des Stoffwechsels entstehen, den Körper schädigen und den Alterungsprozess vorantreiben. Dieser Vorgang wird auch als »oxidativer Stress« bezeichnet (Oxygenium = Sauerstoff). Bestimmte Ursachen wie ionisierende Strahlung (auch Handystrahlung), Nahrungsmittelzusätze, schädliche Fette im Essen (Transfette) sowie psychischer und körperlicher Stress (auch zu intensiver Sport) erzeugen besonders viele freie Radikale. Die Vitamine A, C und E sind sehr wirkungsvolle Radikalenfänger. Weitere essenzielle Radikalenfänger sind Spurenelemente wie Zink, Selen und Kupfer. Schließlich findet sich eine Unzahl von Antioxidanzien unter den sekundären Pflanzeninhaltsstoffen. Beispiele sind Flavonoide in Äpfeln, Saponine im Spinat oder Lycopine in Tomaten.

Mit grünen Blättern länger jung bleiben

Ein Großteil aller bekannten Antioxidanzien sind im Pflanzengrün enthalten und somit Bestandteil der grünen Smoothies! Bestimmte Pflanzen enthalten sogar große Mengen an Antioxidanzien, Kohl hat beispielsweise besonders viel Vitamin C. Da Vitamin C unter Hitzeeinwirkung zerstört wird, stellt der grüne Smoothie die ideale Quelle für Vitamin C dar, wird er doch komplett aus unveränderten, frischen Naturprodukten hergestellt!

Es sind aber nicht nur die vielen Radikalenfänger im grünen Smoothie, die uns jung und gesund halten. Das Deutsche Grüne Kreuz (DGK) weist auf zahlreiche natürliche »Anti-Aging-Mittel« in Pflanzen und ihre Wirkungen auf typische Alterserkrankungen hin. Kohl ist in seiner Nährstoffdichte unübertroffen und sollte gerade im Winter, wenn draußen keine Wildkräuter wachsen, im-

EINE WUNDERBARE BEREICHERUNG

»Grüne Smoothies sind eine wunderbare Bereicherung meiner Ernährung, und ich habe das Gefühl, dass sie meine Zellen wirklich mit Vitaminen und Mineralien versorgen. Die grauen Haare, die sich vereinzelt ab Ende dreißig auf meinem Kopf sehen ließen, sind nun mit Mitte vierzig alle wieder weg, obgleich ich erst seit wenigen Monaten regelmäßig grüne Smoothies trinke.«
Martin Hofer, Graz

VERGESSLICHKEIT IM
ALTER VORBEUGEN
Wussten Sie, dass ein
hoher Anteil an grünen
Pflanzen in der Ernährung
das Alzheimerrisiko bedeu-
tend reduziert?

mer wieder Ihren grünen Smoothie bereichern. Neben großen Mengen an Vitamin C enthält er viel Folsäure, von der die meisten Menschen zu wenig haben. Folsäure wirkt unter anderem im Gehirn gegen Depressionen und Ängste, beugt Demenzerkrankungen vor, schützt das Gedächtnis und macht munter.

Der Wirkstoff Resveratrol, der in roten und blauen Früchten enthalten ist, beugt vielen Alterserkrankungen vor, darunter Arteriosklerose, Arthritis, Alzheimer, vielen Krebsarten und besonders auch der Netzhautdegeneration am Auge (Retinopathie). Selen senkt das Risiko für Prostatakrebs, einer typischen Erkrankung des älteren Mannes. Größere Mengen von Ballaststoffen, wie im grünen Smoothie ausgiebig enthalten, senken den Blutdruck und den Cholesterinspiegel und schützen damit nachhaltig Herz und Kreislauf.

Der dunkelrote Farbstoff Anthocyanin, der beispielsweise in Heidelbeeren, Schwarzen Johannisbeeren und Preiselbeeren enthalten ist, beugt Krebs vor, bewahrt das Nervensystem vor Degeneration und wirkt entzündungshemmend. Mandeln sind reich an Zink und fördern eine schöne Haut.

Eine wissenschaftliche Studie am Volk der Kuna in Panama unterstrich die seit langem bekannte Heilwirkung von Kakaobohnen. In den Sterbedaten der Kuna fanden sich auffallend niedrige Raten von Schlaganfall, Demenz, Diabetes und Krebs. Die Wirkungen werden dem Polyphenol Epicatechin (EGCG) zugeschrieben, das in der Kakaobohne enthalten ist. Epicatechin ist auch im Grüntee, insbesondere im gemahlenen japanischen Matchatee, enthalten. Dieser Tee enthält außerdem viele weitere äußerst gesunde Inhaltsstoffe. Verfeinern Sie deshalb Ihren grünen Smoothie mit rohen, biologischen Kakaobohnen und immer wieder auch mit Matcha-Grünteepulver!

Rezepte für grüne Jungbrunnen-Smoothies
Jungbrunnen Nr. 1
Für ca. 1,5 l: 100 g Kirschen (ohne Stein) | 200 g Weintrauben | 2 EL Kakaobohnen | 1 Handvoll Weinblätter | 1 Handvoll Spinat | ½ l Wasser

Jungbrunnen Nr. 2

Für ca. 1 l: ½ Ananas | 2 EL Kokosmus | 200 g Feldsalat | ½ Liter Kokoswasser (Rohkost-Qualität)

Jungbrunnen Nr. 3

Für ca. 1 l: 1 Mango (ohne Kern) | ½ Banane | 1 EL Matcha-Grünteepulver | 6 Grünkohl-Nuggets (tiefgroren) | ½ l Wasser

Jungbrunnen Nr. 4

Für ca. 1 l: 4 Kiwis (geschält) | 1 Apfel | 1 Handvoll Rosinen | 1 Bund Petersilie | ½ l Wasser

Grüne Smoothies für die Gesundheit der Frau

Frauen, die regelmäßig grüne Smoothies trinken, haben beobachtet, dass es oft zu einer geringeren Ausprägung des sogenannten prämenstruellen Syndroms (PMS) kommt und ebenso zu einer Linderung von Menstruationsbeschwerden, vor allem der charakteristischen Krämpfe. Als Ursache ist die allgemein harmonisierende Wirkung auf den Organismus anzunehmen, in Verbindung mit spezifisch stimmungsaufhellenden und krampflösenden Pflanzeninhaltsstoffen. Für Frauen, die unter dem PMS leiden, könnte es demnach sinnvoll sein, verstärkt Johanniskraut, Mönchspfeffer und Frauenmantel im grünen Smoothie zu verwenden. Für starke Krämpfe hat sich die Schafgarbe als besonders wirksam erwiesen. Sehr wirkungsvoll scheint auch der hohe Anteil an basischen Stoffen im grünen Smoothie zu sein, der einen altbekannten Therapieansatz bestätigt, das sogenannte Basenfasten. Manche Frauen, die in den Tagen vor der Menstruation ausschließlich grüne Smoothies getrunken hatten, stellten überhaupt kein PMS fest und waren völlig schmerzfrei. Eine positive Wirkung auf den weiblichen Zyklus dürfte auch die

Jungbrunnen Nr. 1 aus Weintrauben und Weinblättern: Im grünen Smoothie wird die ganze Pflanze verwendet.

Ernährungsumstellung ausüben, die oft mit dem regelmäßigen Trinken von grünen Smoothies einhergeht. Wenn Sie weniger Kaffee trinken und nicht mehr so viel raffinierten Zucker konsumieren, dafür aber gleichzeitig die komplexeren Kohlenhydrate aus dem Pflanzengrün aufnehmen, wirkt sich das über eine gesteigerte Serotoninproduktion positiv auf Ihr allgemeines Wohlbefinden aus. Die Einschränkung von Fleisch und Milchprodukten ist ebenfalls von Vorteil, weil diese Lebensmittel ein Hormonungleichgewicht verstärken können.

Auch Frauen, die unter Wechseljahrsbeschwerden leiden, stellen Verbesserungen fest. Ausschlaggebend dürften ebenfalls die Auswirkungen der grünen Smoothies auf das hormonelle Regulationssystem sein. Denn viele Pflanzen enthalten sekundäre Inhaltsstoffe, die hormonähnliche Wirkungen entfalten. Besonders bekannt ist in dieser Hinsicht das Fruchtfleisch des Granatapfels. Sehr spezifisch gegen Probleme des Klimakteriums wirkt auch die Traubensilberkerze (Cimicifuga racemosa), die traditionell von den Indianerinnen Nordamerikas eingesetzt wurde. Frauen, die unter wiederholten Blasenentzündungen leiden, freuen sich ebenfalls über wesentliche Verbesserungen, seit sie grüne Smoothies trinken. Im Erkrankungsfall können Sie vermehrt Preiselbeeren und Bärenklau im Mixer verwenden.

Zahlreiche positive Auswirkungen berichteten uns außerdem Mütter, die in der Schwangerschaft regelmäßig grüne Smoothies tranken. Das ungeborene Leben wird von Anfang an mit allen nötigen Vitalstoffen bestens versorgt und die junge Mutter vor Mineralien- und Vitaminmangel geschützt. Das Gleiche gilt natürlich auch für die Stillperiode. Nach dem Abstillen kann dem Baby auch schon der erste grüne Smoothie angeboten werden.

Rezepte für das weibliche Wohlbefinden
Weibliches Wohlbefinden Nr. 1

Für ca. 1,5 l: 1 Banane | 2 Äpfel | 4 getrocknete Aprikosen (eingeweicht) | Saft einer ½ Zitrone | 2 Handvoll Babyspinat | ½ Handvoll Johanniskrautblätter | 1 EL Traubensilberkerzen-Extrakt | ½ l Wasser

Weibliches Wohlbefinden Nr. 3: Nehmen Sie sich immer genügend Zeit, um Ihren grünen Smoothie zu genießen.

Weibliches Wohlbefinden Nr. 2
Für ca. 1 l: 2 Orangen (geschält) | 1 Birne | 200 g Feldsalat | 4 Blatt Frauenmantel | 10 Blatt Mönchspfeffer | 1 EL Hanfsamen (geschält) | ¼ l Wasser

Weibliches Wohlbefinden Nr. 3
Für ca. 1,5 l: ½ Avocado | 2 Äpfel | 1 Granatapfel (ohne Schale) | ½ Eichblattsalat | 1 Handvoll Spinat | ½ Handvoll Schafgarbenblätter | ¼ Zitrone (geschält) | 1 kleines Stück Zitronenschale | ½ l Wasser

Weibliches Wohlbefinden Nr. 4
Für ca. 1 l: 150 g Preiselbeeren | 150 g Heidelbeeren | 6 Blatt Tatsoi | 1 Stängel Bärenklau (mit Blüte) | 2 TL Chiasamen (eingeweicht) | 2 TL Honig | ½ l Wasser

Gesunde Haut – grüne Beauty-Smoothies
Neuerdings findet man in Hochglanzmagazinen Schauspielerinnen, die strahlend ein Glas grünen Smoothie in der Hand halten und von seinen Vorzügen für die Schönheit schwärmen. Menschen, für deren Erfolg Schönheit wichtig ist, sind gerade dabei,

ENDLICH EINE SCHÖNE HAUT

»Seit ich grüne Smoothies trinke und Getreideprodukte meide, ist meine Haut rosig, rein und glatt. Da ich über die grünen Pflanzen viel Chlorophyll zu mir nehme, habe ich das Gefühl, täglich ›flüssiges Sonnenlicht‹ zu mir zu nehmen. Seitdem habe ich ein völlig neues Bewusstsein entwickelt, das sich in mehr Lebenskraft, Lebensenergie und auch Lebensfreude ausdrückt.«

Anke Bogena, Oldenburg

den grünen Power-Drink als Schönheitselixier zu entdecken. Der Spruch »Wahre Schönheit kommt von innen« ist seit der Entdeckung des grünen Smoothies wörtlich zu nehmen. Mit jedem Schluck bekommen Sie eine Fülle von Inhaltsstoffen, die Ihre Haut reinigen, beruhigen und verjüngen. Aber nicht nur das: Entzündungshemmende Stoffe, Antioxidanzien, wertvolle Fettsäuren und vieles mehr schaffen in Ihrem Körper ein kerngesundes Stoffwechselmilieu, das Sie vom negativen Stress befreit. Innere Entspannung und Gesundheit zeigen sich dann in Ihrem attraktiven Äußeren. Das Wissen über die verjüngende Kraft bestimmter Pflanzen existiert schon seit Jahrtausenden. Genießen Sie Ihren grünen Smoothie mit Antioxidanzien, Glykosiden und Saponinen, um Ihre Attraktivität zu erhöhen. Sie brauchen sich die einzelnen Stoffe nicht zu merken. Es reicht, wenn Sie täglich Ihren grünen Smoothie zu sich nehmen, denn er enthält alles, was Ihre Haut benötigt und schön macht.

Die wirksamsten Pflanzen für eine gesunde Haut

Aloe vera

Bisher sind über 200 ihrer Inhaltsstoffe identifiziert, die Gesundheit und Schönheit fördern. Schälen Sie das transparente Aloe-vera-Gel aus dem Inneren des Blattes heraus, und geben Sie es in den Mixer. Verwenden Sie von der grünen Blattschale nur eine geringe Menge, weil die darin enthaltenen Stoffe hochwirksame Substanzen für den Magen-Darm-Trakt enthalten und nur in geringen Mengen aufgenommen werden sollten. Von besonders hohem Wert ist der sekundäre Pflanzenstoff Acemannan, der im Körper eine sehr breite Wirkung entfaltet – angefangen bei der Abwehr von Krankheitserregern bis hin zur straffen Haut. Sehr wertvoll sind auch die Spurenelemente Zink und Selen, die in der Aloe vera in größeren Mengen als in anderen Pflanzen vorkommen.

Löwenzahn

Löwenzahn wirkt stark antioxidativ und hat viele gesundheitsfördernde Wirkungen. Als Heilpflanze ist er seit Jahrhunderten bekannt. Im Volksmund wird er unter anderem auch als »Bettpisser«

bezeichnet, weil er sehr harntreibend wirkt. Er wird besonders bei Haut- und Haarproblemen empfohlen sowie bei Entzündungen, Ekzemen oder Schuppen. Sie können nicht nur die Blätter, sondern auch die Blüten im grünen Smoothie verwenden.

Ackerschachtelhalm

Der Ackerschachtelhalm ist sehr kieselsäurehaltig und verbessert dadurch die Elastizität der Haut. Empfohlen wird er unter anderem bei starker Faltenbildung und Cellulite.

Granatapfel

Der Granatapfel wird wegen seines extrem hohen Anteils an Antioxidanzien als eine der gesündesten Früchte überhaupt eingestuft. Viele weitere spezifische sekundäre Pflanzenstoffe (Polyphenole, Flavonoide) und Spurenelemente machen ihn durch ihr Zusammenwirken zu einem hervorragenden Anti-Aging-Mittel. Sein Saft verbessert die Festigkeit und Elastizität der Haut und verstärkt ihren Feuchtigkeitsgehalt. Dies ist unter anderem auf Inhaltsstoffe zurückzuführen, die dem weiblichen Geschlechtshormon Östrogen sehr ähnlich sind. Sein köstlicher Geschmack verleiht dem grünen Smoothie eine ganz spezielle Note.

Avocado

Die Avocado enthält eine Kombination von Wirkstoffen, die für einen guten Teint ideal sind. Sie ist reich an ungesättigten Fettsäuren, Vitamin E und Biotin und unterstützt die Erneuerung der Hautzellen und des sie umgebenden Bindegewebes. Außerdem senkt sie trotz ihres hohen Fettgehaltes den Cholesterinspiegel. Der grüne Smoothie wird durch Avocados geschmacklich abgerundet und erhält eine cremig-zarte Konsistenz.
Übrigens: Die Avocado wird schneller reif, wenn Sie sie in eine Tüte mit Äpfeln geben.

GU-ERFOLGSTIPP
PFLANZLICHE HAUTSPEZIALISTEN

Folgende Früchte, Pflanzen und Algen sollten immer wieder Ihren grünen Smoothie bereichern, wenn Sie eine schöne Haut haben wollen: Afa-Algen, Apfel, Aprikose, Brennnessel, Brunnenkresse, grüne Teeblätter, Gundermann, Huflattich, Kakaobohne, Kamille, Kohlblätter, Petersilie, Pfirsich, Rosmarin, Salbei, Sanddorn, Schafgarbe, Spirulina-Algen, Wildes Stiefmütterchen.

Rezepte für eine reine und schöne Haut

Beauty-Food Nr. 1

Für ca. 1,5 l: ½ Avocado | 4 Pfirsiche | Saft von 1 Limette | 200 g Postelein | ½ Handvoll Ackerschachtelhalm-Blätter | ½ l Wasser

Beauty-Food Nr. 2

Für ca. 1 l: 1 Banane | 8 Aprikosen (ohne Stein) | Saft von ½ Zitrone | 50 g Rucola | 12 junge Lindenblätter | ¼ Handvoll Afa-Algen | ½ l Wasser

Beauty-Food Nr. 3

Für ca. 1 l: ½ Ananas | 4 Datteln | 2 Handvoll Giersch | 4 Blatt Huflattich | 6 Löwenzahnblätter | ½ l Wasser

Beauty-Food Nr. 4

Für ca. 1,5 l: ½ Papaya (mit Schale und Kernen) | 3 Feigen, getrocknet (eingeweicht) | ½ Galia-Melone (mit Schale und Kernen) | Saft einer ½ Limette | 4 Grünkohlblätter | 5 Salbeiblätter | ½ l Wasser

Beauty-Food Nr. 4 – eine schöne und gesunde Haut kommt von innen.

Beauty-Food Nr. 5

Für ca. 1,5 l: 1 Banane | 3 Orangen (geschält) | 4 Aprikosen, getrocknet (eingeweicht) | 2 EL Leinsamen (eingeweicht) | ¼ Zitrone (geschält) | 200 g Feldsalat | Blätter von 1 Bund Radieschen | 10 cm vom Aloe-vera-Blatt (geschält) | Blätter von 1 kleinen Stängel Rosmarin | ½ l Wasser

Beauty-Food Nr. 6

Für ca. 1,5 l: 3 Pfirsiche (ohne Kern) | 200 g Himbeeren | ¼ Zitrone (geschält) | 125 g Spinat | 4 Kohlrabiblätter | ½ Handvoll Spirulina-Algen | ½ l Wasser

Auf natürliche Weise Muskeln aufbauen

Grüne-Smoothie-Trinker räumen auch mit dem alten Mythos auf, dass man »richtige« Muskeln nur durch den Verzehr von Fleisch bekommt. Wenn unser Körper die Aminosäuren, die er zum Aufbau von Muskelmasse braucht, aus tierischem Eiweiß nehmen muss, ist der Energieaufwand viel größer, weil unsere Verdauung die langen Aminosäureketten erst aufspalten muss, damit die einzelnen Aminosäuren dem Körper überhaupt zur Verfügung stehen. Auf diese Weise geht schon bei der Bereitstellung von Proteinen viel Energie verloren, die sonst in den Muskelaufbau fließen kann. Grüne Pflanzen enthalten weniger komplexe Eiweißmoleküle und dafür mehr essenzielle Aminosäuren in einfacher Form, sodass sie vom Körper besonders leicht aufgenommen werden können. Dies ist auch der Grund dafür, dass Bodybuilder, die sich rohköstlich-vegan ernähren und viel grüne Smoothies trinken, nur zwei- bis dreimal in der Woche ins Fitnessstudio gehen und dort nicht länger als eine Stunde trainieren. Der Körper nimmt die Vitalstoffe – inklusive natürlicher Fettsäuren und Proteine – nicht nur schneller auf, er scheint sie aufgrund ihrer naturbelassenen Qualität auch dauerhafter in seine Zellen einbauen zu können. Menschen, die ihre Muskeln entspannt und auf natürliche Weise aufbauen, berichten, dass die trainierten Muskeln schönere Formen haben und nicht so rasch wieder abgebaut werden, wenn einmal weniger oder gar nicht trainiert wird.

EFFEKTIVER TRAINIEREN

»Mit den grünen Smoothies können wir unseren Mitgliedern im Fitnessstudio gesunde Getränke anbieten, die schnell verdaut werden. Als ich merkte, dass ich mit dem Power-Drink noch effektiver Muskeln aufbauen und Sport treiben konnte, war ich total begeistert, denn ich hatte schon lange nach einer natürlichen Möglichkeit gesucht, um den Körper optimal zu versorgen.«
Thomas Reinholz, Chemnitz

GRÖSSERE ENERGIE-RESERVEN

»Speziell im Ausdauerbereich über mehrere Stunden habe ich sehr gute Erfahrungen gesammelt. Wenn ich vor dem Training einen grünen Smoothie trinke, kann ich mein Energieniveau viel besser halten und erreiche schneller meine Trainingsziele.«
Thomas Reinholz, Chemnitz

Eiweißaufnahme durch den Verzehr von Pflanzengrün am Beispiel von Grünkohl		
Essenzielle Aminosäure	**Empf. Tagesmenge für Erwachsene***	**Gehalt in 500 g rohem Grünkohl***
Isoleucin	700	993
Leucin	980	1166
Lysin	840	993
Methionin	910	161
Phenylanalin	980	850
Threonin	490	741
Tryptophan	245	202
Valin	700	910

* Angaben in mg; Quelle: V. Boutenko: Green for Life, S. 52

Beim Muskelaufbau mit Vitalkost und einem möglichst hohen Anteil grüner Pflanzen sollten wir auch nicht vergessen, dass die stärksten Tiere in freier Wildbahn, wie der Gorilla und der Elefant, aber auch Pferde und Rinder, reine Rohköstler sind und sich zu einem Großteil von vitalstoffreichen grünen Blättern ernähren.

Rezepte zum Muskelaufbau mit pflanzlichem Eiweiß
Gesunder Muskelaufbau Nr. 1
Für ca. 1 l: ½ Zitrone (geschält) | 3 cm Ingwer (ungeschält) | 8 Grünkohl-Nuggets (tiefgefroren) | 1 Bund Petersilie | Grün von 3 Möhren | ½ l Wasser

Gesunder Muskelaufbau Nr. 2
Für ca. 1,5 l: 4 Feigen, getrocknet (eingeweicht) | 200 g Heidelbeeren | 1 EL Kokosmus roh (Glas) | 4 Mangoldblätter (ohne weißen oder roten Stiel) | 6 Spinat-Nuggets, tiefgefroren | 5 Kohlrabiblätter | ½ l Wasser

Gesunder Muskelaufbau Nr. 3

Für ca. 1 l: ½ Avocado | ¼ Zitrone | ½ Kopfsalat | 8 Blatt Löwenzahn | 1 Handvoll Brennnesselblätter | 4 junge Fichtentriebe | ½ l Wasser

Gesunder Muskelaufbau Nr. 4

Für ca. 1,5 l: 150 g Durian | 2 EL Leinsamen | 5 Mandeln (eingeweicht) | 4 Datteln | 4 Schwarzkohlblätter | 8 Blatt Scharbockskraut | 5 Brokkoliblätter | 5 mittelgroße Zucchiniblätter | 3 Zucchini-Blüten | ¾ l Wasser

Mehr Glück in der Liebe

Wenn unser Körper mithilfe von grünen Smoothies mit den Vitalstoffen versorgt wird, die er braucht, kommt es nicht nur auf der körperlichen Ebene zu einer Vitalisierung. Durch die Harmonisierung von Körper, Geist und Seele steigen unsere Sensibilität und unser Mitgefühl. Wir sind mehr im Herzen zentriert, und dies hat tief greifende Auswirkungen auf Ehe und Partnerschaft. Wir nehmen den anderen mehr in seiner Individualität wahr, hören ihm mehr zu und fühlen uns im Herzen verbunden.

Gesunder Muskelaufbau Nr. 4: Die Durian ist eine asiatische Frucht, die Sie im Internet bestellen können.

Dieses tief greifende Gefühl, das von den Vitalstoffen gefördert wird, muss sich nicht auf Partnerschaft und Familie beschränken. Es ist eine Qualität, die sich auf die Beziehung zu allen Menschen, ja zu allen Lebewesen und dem Planeten selbst auswirkt. Wenn wir lebendige Nahrung zu uns nehmen, sind wir lebendiger und gehen anders mit dem Leben um. Diese Lebendigkeit vertieft nicht nur unser Fühlen, sondern wirkt sich auch auf körperlicher Ebene in unserer Sexualität aus.

Wir fühlen uns attraktiver, wenn wir gesund und vital sind, und haben mehr Lust auf Berührung und körperliche Begegnung. Die verfeinerte Wahrnehmung unterstützt ein aktives Liebesleben, das bewusster, entspannter und kreativer ist. Viele Menschen berich-

ten über eine deutliche Steigerung der körperlichen Wahrnehmung und der sexuellen Befriedigung, nachdem sie auf grüne Smoothies und einen höheren Vitalkostanteil umgestellt haben. Besonders vorteilhaft ist in diesem Zusammenhang natürlich, wenn beide Partner täglich grüne Smoothies trinken.

Gourmetrezepte zur Stärkung der grünen Herzkraft

Großes grünes Herz Nr. 1

Für ca. 1,5 l: ½ große Papaya (mit Schale und Kernen) | 4 Aprikosen (ohne Kern) | 3 EL Kokosöl | 6 cm vom Aloe-vera-Blatt (geschält) | ½ Kopf »Herzblatt«-Salat (auch als Eichblattsalat bekannt) | 4 Blatt »Mann und Frau«-Gold (früher nur Mangold) | Saft einer ½ Zitrone | ½ l Wasser

Großes grünes Herz Nr. 2

Für ca. 1,5 l: 2 reife Mangos (ohne Kern) | 150 g Herzkirschen | 125 g Feldsalat | 4 Stängel Staudensellerie | ¼ Salatgurke | ½ Zitrone (geschält) | ½ l Wasser

Großes grünes Herz Nr. 3: Die Rose ist nicht nur die Blume der Liebe, ihre Blüten und ihre Blätter sind eine wunderbare Zutat für den grünen Liebestrank.

Großes grünes Herz Nr. 3

Für ca. 1,5 l: 2 süße Äpfel | 1 Granatapfel (nur die Kerne) | ¼ Wassermelone (geschält) | 2 Handvoll Babyspinat | 6 Lindenblätter | 8 Rosenblütenblätter | 1 cm Vanillestange | 1 EL Agavendicksaft, roh | 2 TL Chiasamen (eingeweicht) | ½ l Wasser

Großes grünes Herz Nr. 4

Für ca. 1,5 l: 1 Banane | 2 Birnen | 2 Scheiben Ananas (ohne Schale) | 6 rohe Kakaobohnen | 1 TL Shilajit-Pulver | 2 Stängel Dill | 4 große Blätter Römersalat | Die obere Hälfte von einem großen Spitzkohl | 2 cm Ingwer (ungeschält) | ½ Liter Wasser

Vorsorge gegen Krebs

Krebs ist ein äußerst komplexes Krankheitsgeschehen, das auch wissenschaftlich noch längst nicht ausreichend verstanden wird. Es gibt Unmengen von Daten, die oft sehr widersprüchlich sind. Durch seine Zusammensetzung aus Obst und vor allem grünen Blättern ist der grüne Smoothie ein hochpotentes Anti-Krebs-Nahrungsmittel. Das hat damit zu tun, dass Pflanzen eine Vielzahl von Substanzen enthalten, die das Gewächs vor Schädigungen (durch Bakterien, Viren, Pilze, UV-Strahlen, sauren Regen, Fressfeinde ...) schützen. Diese sekundären Pflanzeninhaltsstoffe (etwa Polyphenole), Vitamine, Mineralien und Chlorophyll entfalten auch beim Menschen heilende Wirkungen und können einer Krebserkrankung effektiv vorbeugen.

Polyphenole (wie Resveratrol in der Haut blauer Weintrauben, in Pflaumen und Knöterichgewächsen) aktivieren ein bestimmtes Enzym, das nur in Krebszellen vorhanden ist, sodass sich die Krebszelle selbst vernichtet. Weitere Krebs hemmende Wirkstoffe wie die Triterpene befinden sich in bitter oder scharf schmeckenden Grünpflanzen wie Löwenzahn oder – wie die Glucosinolate – in verschiedenen Kohlsorten. Bezüglich der Krebs hemmenden Wirkung von Kohl gibt es viele Studien, die seine Wirksamkeit ab einer Verzehrmenge von 200 Gramm bis 400 Gramm pro Tag beweisen. So fanden französische Wissenschaftler heraus, dass sich bei regelmäßigem Konsum das Risiko für Lungenkrebs signifikant reduziert, während US-Forscher feststellten, dass Kohl vor Bauchspeicheldrüsenkrebs schützt. Vitamine und Mineralien neutralisieren die freien Radikale, die unsere Zellen schädigen. Dadurch können sich weniger Krebszellen bilden. Von besonderer Bedeutung in der Krebsabwehr ist das Chlorophyll (siehe Seite 105).

Damit Ihr grüner Smoothie in puncto Krebsvorsorge auch hält, was er verspricht, sollten Sie Folgendes immer beachten:

> Ein Liter grüner Smoothie sollte 200 Gramm bis 350 Gramm grüne Blätter und 100 Gramm bis 200 Gramm ungeschältes Obst und auch Obstkerne enthalten. Wirksame Stoffe zur Vorbeugung gegen Krebs sind bei Früchten vor allem in den Schalen und Kernen enthalten.

KEINE THERAPIE!

Damit keine Missverständnisse aufkommen: Grüne Smoothies können Krebserkrankungen vorbeugen und eine Krebsbehandlung unterstützen und ergänzen, sind aber keine alleinige Krebstherapie!

> Grundsätzlich gilt: Möglichst viel grünes Blattgemüse! Das grüne Blattgemüse sollte auch Bitter- und Scharfstoffe enthalten, etwa bittere Wildkräuter wie Löwenzahn und Schafgarbe sowie scharfe Kulturpflanzen wie Wirsingkohl, Mizuna, Pok Choi und Rucola. Variieren Sie die Zutaten Ihres Smoothies regelmäßig und abhängig von der Jahreszeit.

> Trinken Sie den grünen Smoothie möglichst frisch, damit Ihnen die geballte Biophotonen-Energie der Vitalstoffe zugute kommt.

> Trinken Sie täglich ein bis zwei Liter grünen Smoothie – hier gilt: Mehr ist mehr!

> Erlauben Sie sich, gebratene und sehr fette Lebensmittel, raffinierten Zucker und Weißmehl sowie Fast Food und Fertiggerichte immer mehr aus Ihrem Speiseplan zu streichen.

Rezepte zur Vorbeugung einer Krebserkrankung
Krebsvorsorge Nr. 1
Für ca. 1,5 l: 2 kleine Äpfel | 200 g blaue Weintrauben | 6 frische Feigen (oder 4 eingeweichte getrocknete Feigen) | ¼ Zitrone (geschält) | 12 Mariendistelblätter | 1 Handvoll Giersch | ½ l Wasser

Krebsvorsorge Nr. 2
Für ca. 1 l: 200 g Brombeeren | 50 g Maulbeeren, frisch oder getrocknet (eingeweicht) | Saft einer ½ Zitrone | 1 Handvoll Brombeerblätter | ½ Handvoll Rucola | 7 Blatt Löwenzahn | ½ l Wasser

Krebsvorsorge Nr. 3
Für ca. 1,5 l: 1 Banane | 2 Pfirsiche | 150 g Himbeeren | 1 Handvoll Himbeerblätter | 4 Blatt Sauerampfer | 2 Handvoll Tatsoi | ½ l Wasser

Krebsvorsorge Nr. 4
Für ca. 1 l: 1 kleiner Apfel | 6 Pflaumen (ohne Kern) | 3 getrocknete Pflaumen, eingeweicht (ohne Kern) | 2 Kiwis (geschält) | 1 cm Ingwer (ungeschält) | 8 Rote-Bete-Blätter | 4 Blatt Mangold (ohne Stiel) | 4 Blatt Grünkohl | ½ l Wasser

Krebsvorsorge Nr. 5

Für ca. 1 l: 1 Handvoll Blätter vom Weißen Gänsefuß | 1 Handvoll Brennnesselblätter | 4 Blatt Sauerampfer | 4 Stängel Gundermann | ½ Zitrone (geschält) | 2 cm Ingwer (ungeschält) | ½ l Wasser

Krebsvorsorge Nr. 6

Für ca. 1 l: 1 Banane | 2 kleine Äpfel | 1 Handvoll Brennnesselblätter | 1 Handvoll Schafgarbenblätter | 3 Datteln | Saft einer ½ Zitrone | ½ l Wasser

Krebsvorsorge Nr. 7

Für ca. ¾ l: 1 Mango (ohne Kern) | 1 Apfel | 1 cm Ingwer (ungeschält) | 1 Handvoll Brennnesselblätter | 2 Blätter Pok Choi | 10 Gänseblümchen | ¼ l Wasser

Krebsvorsorge Nr. 8

Für ca. 1 l: 1 Banane | 200 g Heidelbeeren | 1 cm Ingwer (ungeschält) | 5 Blatt Löwenzahn | 2 Wirsingkohlblätter | ½ l Wasser

Mit Krebsvorsorge Nr. 3 in Braun und 5 in Grün vermindern Sie das Risiko einer Krebserkrankung.

Bücher, die weiterhelfen

GRÜNE SMOOTHIES

Boutenko, Victoria: **Grüne Smoothies,** Hans-Nietsch-Verlag, Emmendingen 2010

Boutenko, Victoria: **Green for Life,** Hans-Nietsch-Verlag, Freiburg 2009

Opitz, Christian: **Befreite Ernährung,** Hans-Nietsch-Verlag, Emmendingen 2010

Sura, Teresa-Maria: **Das kleine Handbuch der rohköstlich gesunden grünen Smoothies,** Schirner Verlag, Darmstadt 2011

WILDKRÄUTER

Brosius, Ralf: **Wildkräuter – Meine Lebensretter aus der Natur,** Kösel, München 2012

Fleischhauer, Steffen Guido: **Essbare Wildpflanzen,** AT Verlag, Baden und München 2007

Paume, Marie-Claude: **Grün, wild und schmackhaft,** Hans-Nietsch-Verlag, Emmendingen 2011

Westphal, Elisabeth: **Wildkräuter,** Packpapierverlag, Osnabrück 2010

Zellner, Anita/Hofmann, Helga: **Wildkräuter & Wildfrüchte bestimmen leicht gemacht,** GRÄFE UND UNZER VERLAG, München 2004

VITALKOST

Boutenko, Victoria: **Die Vitalrohvolution,** Omega Verlag, Aachen 2010

Kirk, Mimi: **Rohköstlich leben,** Hans-Nietsch-Verlag, Emmendingen 2012

Rohark, Sven: **Die Rohkost-Revolution,** Rohark-Verlag, Ostrau 2011

Rondholz, Brigitte: **Urkost,** Hans-Nietsch-Verlag, Emmendingen 2011

Rothkranz, Markus: **Heile dich selbst,** Hans-Nietsch-Verlag, Emmendingen 2010

Wolfe, David: **Die Sonnen-Diät,** Goldmann Verlag, München 2001

VEGETARISCHE ERNÄHRUNG

Foer, Jonathan Safran: **Tiere essen,** Kiepenheuer & Witsch, Köln 2010

Leitzmann, Claus/Keller, Markus: **Vegetarische Ernährung,** Ulmer Verlag, Stuttgart 2010

Lührs, Katja: **Viva Veggie!** Hans-Nietsch-Verlag, Emmendingen 2011

Robbins, John: **Food Revolution,** Hans-Nietsch-Verlag, Freiburg 2003

von Cramm, Dagmar/Kintrup, Martin: **Vegetarisch genießen,** GRÄFE UND UNZER VERLAG, München 2007

VEGANE ERNÄHRUNG

Dahlke, Rüdiger: **Peacefood,** GRÄFE UND UNZER VERLAG, München 2011

Langley, Gill: **Vegane Ernährung,** Echo Verlag, Göttingen 1999

Clements, Kath: **Vegan – Über die Ethik in der Ernährung und die Notwendigkeit eines Wandels,** Echo Verlag, Göttingen 2008

Adressen, die weiterhelfen

Grüne Smoothies GmbH

Mommsenstr. 19,
D-10629 Berlin
Tel. +49 (0)30-44793423
www.GrüneSmoothies.de

Germany Goes Raw

Heike Michaelsen
Harburger Str. 70,
D-21680 Stade
Tel. +49 (0)04141-67499
www.GermanyGoesRaw.de

Grüne-Smoothies-Gesundheitszentrum

Dr. med. Christian Guth
Rennbahnweg 52, A-1220 Wien
Tel. +43 (0)664 358 2501
www.GrüneSmoothies.at

Grüne-Smoothies-Werkstatt

Mag. Martina Dobrovičová
Eckpergasse 31, A-1180 Wien
Tel. +43 (0)664 444 5232
www.GrüneSmoothies.at

Austria Goes Raw

Bruno Weihsbrodt
Mitterndorfer Weg 21,
A-6380 Sankt Johann in Tirol
Tel. +43 (0)4353 5262 859
www.imagami.at

Switzerland Goes Raw

Rafael Järmann
Sagenmattstrasse 28,
CH-6003 Luzern
Tel +41 (0)76 506 51 24
www.SwitzerlandGoesRaw.ch

INTERNETLINKS, DIE WEITERHELFEN

www.animalfair.at
www.befreite-ernährung.de
www.bioverde.ch
www.boojabooja.de
www.die-wurzel.de
www.keimling.de
www.lifefood24.de
www.pureraw.de
www.rawfamily.com
www.rohkoko.de
www.rohspirit.de
www.rohvolution.ch
www.rohvolution.de
www.sanacell.de
www.vebu.de
www.vegan.at
www.vegan.ch

Register

Impressum

© 2012 GRÄFE UND UNZER VERLAG GmbH, München

Projektleitung: Tatiana Schmid, Ina Raki

Lektorat: Ulrike Schöber

Bildredaktion: Henrike Schechter

Umschlaggestaltung und Layout: independent Medien-Design, Horst Moser, München

Herstellung: Christine Mahnecke

Satz: Christopher Hammond

Lithos: Repro Ludwig, Zell am See

Druck und Bindung: Firmengruppe APPL, aprinta druck, Wemding

ISBN 978-3-8338-2617-7

5. Auflage 2013

Bildnachweis

Fotoproduktion (Rezepte): Kramp+Gölling Fotodesign, Hamburg

Weitere Fotos: Bio: S. 61; V. Boutenko: S. 15; Corbis: S. 57; Getty: S. 1, 6, 8, 13, 17, 34, 42, 58, 63, 72, 82; C. Guth: S. 4; Grüne Smoothies GmbH: S. 3, 20; B. Hickisch: S. 4; Jump: S. 47, U4 links; Kramp+Gölling: U1, S. 40; Naturbildportal: S. 22; B. Osborn: S. 29; Stockfood: S. 55, 66, 91

Syndication: www.jalag-syndication.de

Wichtiger Hinweis

Alle Ratschläge und Hinweise in diesem Buch wurden von den Autoren nach bestem Wissen erstellt und mit größtmöglicher Sorgfalt geprüft. Sie bieten jedoch keinen Ersatz für kompetenten persönlichen medizinischen Rat. Jede Leserin, jeder Leser ist für das eigene Tun selbst verantwortlich. Weder Autoren noch Verlag können für eventuelle Nachteile oder Schäden, die aus den im Buch gegebenen praktischen Hinweisen resultieren, eine Haftung übernehmen.

Umwelthinweis

Dieses Buch ist auf PEFC-zertifiziertem Papier aus nachhaltiger Waldwirtschaft gedruckt.

 www.facebook.com/gu.verlag

GRÄFE UND UNZER

Ein Unternehmen der
GANSKE VERLAGSGRUPPE

Unsere Garantie

Mit dem Kauf dieses Buches haben Sie sich für ein Qualitätsprodukt entschieden. Wir haben alle Informationen in diesem Ratgeber sorgfältig und gewissenhaft geprüft. Sollte Ihnen dennoch ein Fehler auffallen, bitten wir Sie, uns das Buch mit dem entsprechenden Hinweis zurückzusenden. Gerne tauschen wir Ihnen den GU-Ratgeber gegen einen anderen zum gleichen oder zu einem ähnlichen Thema um.

Liebe Leserin und lieber Leser,

wir freuen uns, dass Sie sich für ein GU-Buch entschieden haben. Mit Ihrem Kauf setzen Sie auf die Qualität, Kompetenz und Aktualität unserer Ratgeber. Dafür sagen wir Danke! Wir wollen als führender Ratgeberverlag noch besser werden. Daher ist uns Ihre Meinung wichtig. Bitte senden Sie uns Ihre Anregungen, Ihre Kritik oder Ihr Lob zu unseren Büchern. Haben Sie Fragen oder benötigen Sie weiteren Rat zum Thema? Wir freuen uns auf Ihre Nachricht!

GRÄFE UND UNZER VERLAG
Leserservice
Postfach 86 03 13
81630 München

Wir sind für Sie da!
Montag–Donnerstag: 8.00–18.00 Uhr
Freitag: 8.00–16.00 Uhr
Tel.: 08 00/7 23 73 33
Fax: 08 00/5 01 20 54
(kostenfreie Servicenummern)
E-Mail: leserservice@graefe-und-unzer.de

Neugierig auf GU?
Jetzt das GU Kundenmagazin und die GU Newsletter abonnieren.

Wollen Sie noch mehr Aktuelles von GU erfahren, dann abonnieren Sie unser kostenloses GU Magazin und/oder unseren kostenlosen GU-Online-Newsletter. Hier ganz einfach anmelden:
www.gu.de/anmeldung

GRÄFE UND UNZER

Ein Unternehmen der
GANSKE VERLAGSGRUPPE